회계에서 경영 관리로의

실크로드

KB140246

회계에서 경영 관리로의

실크로드

김동배 지음

한국학술정보

회계를 알면 경영이 보인다

대학을 졸업하고 처음 회계업무를 시작한 후 어느덧 26년의 시간이 흘렀다.

그 세월 동안 운이 좋았는지 내부 프로세스 구축, ERP 도입, 외국계 회사에서의 경험 등 참으로 다양한 경험을 하였고 그것을 통하여 많은 것을 배울 수 있었다. 특히나 IMF를 겪으면서 그전에 경험하지 못했던 냉혹한 현실을 경험하면서 회사가 튼튼해야 하고 경영진이 올바른 의사 결정을 내려야 한다는 것을 느꼈다.

그래서 현장에서의 26년 경험을 가지고 회계 담당자들이 아닌 회사의 의사 결정을 담당하고 있는 경영진, 그리고 회계 부문이 아닌 생산이나 영업 부문에서 열심히 본연의 임무를 수행하고 있는 분들과 혹시 창업의 꿈을 가지고 있는 분들에게 이런 생각을 같이 공유했으면 어떨까 싶어 책을 쓰기로 결심했다.

막상 책을 쓰겠다는 생각을 하면서도 "정말 내가 할

수 있을까?" "주제넘은 짓은 아닌가?" 하는 생각으로 선뜻 시작을 하지 못하고 있었는데 이런 고민을 옆에서 지켜본 가족들이 "시작이나 해보라."라는 격려에 용기를 얻어 시작하게 되었다.

막상 글을 쓰려고 하니 처음부터 어떻게 시작해야 할지 생각이 많아지면서 좀처럼 진도를 나가지 못하고 고민을 하다 처음 마음먹은 목적에 맞게 쉽게 그리고 재미나게 써보자는 맘으로 겁 없이 도전 아닌 도전을 하게 되었다.

그래서 전문 지식을 전달하는 전공 서적이라 생각하지 마시고 가볍게 읽고 "아! 쉽네, 회계 책이라면서 읽는 데 부담이 없네." 그러면서 "조금 회계를 알겠네." 정도 그리고 "내부통제가 중요하구나", "정말 경영하는 데 도움이 되겠네."라는 소리를 들으면 만족스러운 일이라 생각한다.

회계에 대한 설명은 가장 일반적인 설명 위주로 그리고 계정과목에 대하여는 이 정도만 이해해도 될 듯싶은 수준의 회계 과목을 설명하였다.

사실 강조하고 싶었던 부분은 원가관리, 내부통제 그리고 세무조사 등 전반적인 회사 경영에 영향을 미치는 내용으로 실무 경험을 바탕으로 소개했다.

실제 현업에서 근무하시는 분들이나 경영하시는 분들

이 회계 담당자들과 이야기하는 많은 내용이 사실은 이 부분이라고 생각하기 때문이다. 즉 업무 처리 절차, 내부 통제 관련, 경비 증빙 등에 대하여 회사 담당자와 이야기하게 될 때 이런 내용을 이해하고 있다면 좀 더 수월하게 업무를 할 수 있기 때문이다.

그런 의미에서 이 책은 회사에서 현업 업무를 수행하거나 회사를 창업하려는 분, 그리고 이미 회사를 경영하시는 분들에게 조금이나마 도움이 되었으면 하고 또 하시는 일들에 조금의 도움이 되어 원하는 것을 이루기를 바라는 바람을 가지고 썼다.

끝으로 중간 중간 고비 때마다 격려해 준 사랑하는 아내와 아들딸에게 고맙고 항상 좋은 말씀을 해 주신 노영백 회장님, 김창호 교수님과 김의수 사장님을 비롯한 많은 도움을 주신 여러 분들께 깊은 감사를 드린다.

김동배

알기 쉬운 회계 공부로 인생에서 승리하기를

이 책의 저자는 엘지 산전에서 회계 업무를 시작하여 몇 개의 상장법인 현장에서 회계/관리 업무 경험과 회계적 논리력을 겸비한 회계전문가다.

오랜 현장에서 회계 경험을 한 저자의 궁극적인 목표는 회계를 모르는 사람들, 회계 관련 업무를 하지 않는 사람들에게 회계의 거부감을 해소하고 회계를 조금 더 쉽게 이해할 수 있는 발판을 제공하는 것이다. 따라서 누구나 회계를 알고 경영 관리까지 이해할 수 기초 실무서라고 할 수 있다.

현대 경제 사회에서 돈은 꼭 필요한 필수 요소인 것처럼 회계도 경제 활동을 하는 누군가에게도 필수라 여긴 저자는 많은 연구와 노력으로 전문적이고 어려운 회계 안내가 아닌 기본적인 회계의 의미와 회계 정보 그리고 그 정보를 이용한 의사결정과 내부통제, 원가에 대한 설명을 구체적이지만 이해하기 쉽게 이야기하고 있다.

이러한 근거로 이 책은 회계를 잘 모르는 독자나 회계를 알고자 하는 독자들에게 많은 도움을 줄 수 있는 혜안을 줄 것이다.

회계를 몰라 자기 회사의 살림살이도 제대로 이해하지 못하고 있다면 다른 사람이나 기업과의 경쟁에서 뒤처질 수도 있다.

인생에서 승리하는 것은 중요하다. 특히 기업은 경쟁이라는 울타리 안에서 매일 매일 생존하며 발전하고 있다. 이런 경쟁에서 승리할 수 있어야 한다.

이렇게 치열한 경쟁에서 승리하기 위해 독자는 이 책을 통해 경영의 이정표 역할을 하는 회계를 배워서 인생의 승리와 함께 기업도 성장하고 발전하는 궁극의 승리를 얻는 데 도움이 되었으면 한다.

김주일(김주일세무회계사무소 세무사)

현장 경험이 녹아 있는 이 책으로 회계를 정복하기를

좋은 책이란 재미있고 쉽게 모르는 것을 알게 하고 생각하게 한다. 흥미롭지 않은 주제의 책은 만들기 어렵다. 특별히 회계(accounting)는 재미없고 지루하고 어려운 내용이다. 하지만 기업에서 일하는 사람이라면 반드시 이해해야 하는 분야이기도 하다.

≪회계에서 경영관리로의 실크로드≫는 경영 현장에 녹아 있는 이론이며 경험이다. 주인의식을 갖지 않으면 보이지 않는 숫자들…. 회계의 필요성을 알면서도 이해하기 어려워 시도하다 그만둔 독자들에게 귀중한 지식을 제공하고 있다.

회계용어와 원리로부터 외부 보고와 내부 통제에 이르는 회계의 주요개념을 쉽게 이해할 수 있는 현장 중심의 기업이해와 초보자를 위한 회계 전문회계서다.

관심을 지니고 읽다 보면 기업 현황을 이해할 수 있는 재무상태, 손익분석, 현금흐름, 자본변동에 이르는 흥미의 계곡을 경험하게 한다. 경영 현장에서 축적한 기획과 관리의 내공은 수치 기반의 의사결정의 중요성을 제시하면서, 기업구성원에게 요구되는 원가, 재고, 비용, 예산에 이르기까지 관리자로서의 필요한 지식과 핵심 사항을 쉽게 공부할 수 있다. 여기에 개인과 법인이 해결해야 하는 복잡한 세무 문제까지 경제인에게 필요한 개념과 원리를 사례를 통해 이해할 수 있다.

저자는 대학에서 경영학을 전공하고 회계에 남다른 관심을 지니고 회계전문가가 되었다. 기업현장에서 경험한 지식을 동료와 직원들에게 전하고 싶은 마음에 용기를 내어 작업을 시작했다. 내게 초고를 자문했을 때, 나는 교과서 같지 않아 찬사를 보냈다. 주지하다시피 경영 서적은 아카데미보다는 현장이 중시되니 좋은 경험을 공유하는 아름다운 마음으로 접근하면 훌륭한 책이 나올 것이라 믿었다. 중견기업의 살림을 총괄하는 분주한 가운데 시간을 쪼개서 지난 시간을 잘 정리했다. 몸소 체험의 현장 기록이며 생생한 경험이기에 더욱 값있는 작품이다. 평소에 저자가 이야기하는 "보이는 것이 다가 아니고 들리는 것이 다가 아니다"라는 생각이 책을 통해서 전해지기 바라면서 성실하고 진솔한 저자의 경험을 공유하기에 충분한 작품이기에 일독을 권한다.

김창호(남서울대학교수)

◆ 목차 ◆

제1부

APPETIZER

(애피타이저)

1

회계를 알아야만 하는 이유

보통 회사에서 회계 관련 업무를 하지 않는 많은 사람들은 "회계 담당자도 아닌데 회계를 왜 알아야만 할까?", "다른 분야처럼 필요할 때 전문가에게 조언을 받으면 되는 거 아닌가?", "왜 굳이 머리 아픈 회계를 알아야만 한다고 할까?" 하는 생각을 많이들 하고 있는 것 같다. 그런 말씀들을 하시는 분들을 만날 때 떠오르는 광고 문구 하나가 있다.

2001년 4월 당시 유명 여배우가 한 광고에서 외친 "차는 모른다. 그러나 운전은 한다."라고 말하던 광고 문구다. 즉 운전자는 운전만 하면 되고 차에 관련된 것은 차량 관리 전문 회사에 맡기면 다 알아서 관리해 준다는 차량 관리 전문 회사의 광고였다. 이 광고를 회계에 비유한다면 "사업은 한다. 그러나 회사의 살림 상태는 모른다.

회사의 살림 상태는 회계사나 회사 회계 담당자가 알아서 다 관리해 줄 거다."라는 것과 같은 것이라고 생각한다. "나는 영업 담당이니 영업만 하면 되고", "나는 생산 담당이니 생산만 할 뿐이고", "나는 대표이사이니 회계 부서에 요청만 하면 되지."라는 생각을 가지고 계신 분들 생각일 것이다.

그런데 회사 살림살이 상태 및 자금의 상황 등을 자기 자신은 모르겠고 다른 사람에게 다 맡기는 것이 바람직한 것이라고 할 사람은 많지 않을 것이라 생각한다. 흡사 내 집의 금고 열쇠를 남에게 맡기고 있는 것과 별반 다르지 않다고 생각하기 때문이다.

각각의 부문에서 본인들이 열심히 일한 결과나 성과를 회계 담당자에게 의지해서 보아야 한다는 것인데 회계 담당자가 설명해 주지 않거나 자세히 이야기해 주지 않는다면 답답하고 불안감을 가질 수도 있을 것이다.

위의 광고 문구처럼 차를 모르고도 운전은 할 수 있다. 차에 아무런 문제가 생기지 않고 항상 좋은 컨디션만 유지한다면 말이다. 그러나 오랜 시간 차량을 운행하다 보면 단순한 소모품 교체부터 주요 부품에 대한 이상 징후가 발생하게 된다.

이때 차에 대하여 아무것도 모른다고 계속 운전만 하면서 관리 회사에서 잘 관리해 주겠지, 하고 차에 대해 관심을 가지지 않는다면 자칫 커다란 사고로 생명까지 잃을 수도 있는 일이 생길 수도 있을 것이다. 사고는 아니더라도 급한 업무로 어딘가를 가야 하는데 차가 이상이 발생해서 급한 업무를 망친다면 큰 낭패를 겪을 것이다. 이런 일이 발생한다면 엄청 난감하고 그것을 처리하는 데 많은 비용과 시간이 들어간다는 것을 많은 사람들은 스스로의 경험을 통해 너무도 잘 알고 있다. 그런 심리적 부담으로 차의 수선 및 유지 관리에 대하여 모두 차량 정비업자의 말을 무조건 따를 수밖에 없다.

관리 회사로부터 이것도 고쳐야 하고 저것도 고쳐야 하는 과도한 제안을 받게 되고, 그 제안에 고민을 하고 있으면 그 관리 회사는 만일 고치지 않으면 더 큰 고장이 생길 수도 있고 조만간 다시 고장이 나서 다시 또 수리하러 와야 한다고 할 것이다.

이렇게 정비업자가 이야기를 하면 차를 전혀 모르기 때문에 주행 중에 차가 고장이 날까, 하는 걱정과 또다시 수리하러 와야 하는 번거로움이 생기니까 보통의 경우 정비업자가 말한 내용대로 다 수리하고 교체를 하게 된다.

차를 아예 모르고 있다 보니 이러한 경우로 인해 예상했던 비용보다도 더 큰 금액을 부담하는 경우가 생길 수 있다. 이를 회사에 그대로 적용한다면 회계를 모르고도 회사를 운영할 수는 있다. 모든 것을 회계 직원이나 외부 회계 전문가의 의견을 들어서 하면 된다. 이때 본인의 생각과 마음처럼 그 사람들이 일을 하거나 생각을 하면서 하고 있다고 믿으면 문제는 없다.

그러나 통상 그렇게 믿었던 직원들이 횡령 등의 자금 사고를 일으켜서 회사가 어려움에 처하게 하는 경우도 많이 보았을 것이다. 내 맘 같은 사람은 없는 것이다. 또한 외부 회계 전문가에게 의견을 묻거나 할 때는 많은 비용을 지불해야 한다. 회계법인 등은 그런 자문을 통한 수익활동을 추구하는 법인이기 때문에 비용에 대한 부담이 발생하게 된다. 회사가 어떤 내용을 자문하면 회계 법인은 관련된 내용을 파악해야 하는데 이런 이유로 분석 시간이 필요하게 된다. 그러면 분석 시간이 얼마이고 그래서 비용이 얼마라는 청구서가 날아올 것이다.

따라서 외부 전문가에게 자문을 받게 되는 경우에는 시간과 비용이 많이 들어간다는 단점과 빠른 결정이 필요한 경우라면 자칫 외부 의견을 기다리다 시기를 놓치게 되는 경우가 발생하게 된다. 즉 아무리 좋은 의견이라도 시기를 놓친 그 의견은 더 이상 아무런 도움이 되지 않는다는 단점이 있다.

또 하나의 문제는 회사 내부의 모든 사정 그리고 대표이사가 앞으로 하고 싶은 것에 대한 속마음까지 다 공개하고 자문을 구해야 한다는 것인데 회사의 모든 내용을 자문하는 회계 전문가를 믿고 다 공개하는 것이 과연 바람직한 일이고 각 회사의 대표이사가 원하는 방식일까, 하는 것에 대하여는 그렇지 않을 것이라는 생각이 든다.

더욱 회사는 남에게 다 공개할 수 없는 민감한 내부 정보도 많고 미래 전략도 있을 수 있다. 이런 것을 다 공개하면서 회사를 운영할 수는 없을 것이다.

물론 회사 경기가 항상 좋고 수익이 너무 좋아 아무리 투자를 늘리고 경비 지출을 늘려도 생각했던 것 이상 돈을 벌고 있다면 회계 전반적인 것을 회계 담당자나 회계 법인에게 맡겨 놓는 것도 하나의 관리 방법일 것이다.

엄청난 돈을 벌고 있어 일부 남모르게 회사 재산이 빠져나가고 있다고 해도 크게 문제 삼지 않을 정도라면 말이다. 그러나 그런 회사는 전 세계 어느 곳에도 없다고 생각한다.

회사의 경영 상황은 내부적 요인은 물론 외부적 요인으로 인하여 항상 변화하고 그에 따른 의사 결정을 하여야 하는 경우가 항상 일어난다. 그럴 때마다 회사의 재무 상황 등을 다른 사람에게 물어보고 결정한다면 의사 결정의 시간이 오래 걸릴 것이고 또한 본인의 느낌과는 다른 이야기를 듣는다면 뭔가 개운치 않을 것이다. 그런 부분을 해소하기 위해서라도 회계를 알아야만 한다.

이 책에서 회계를 알아야 한다는 것은, 즉 회사를 알아야 한다는 의미임을 강조하고 싶다. 즉 회계를 안다는 것은 회사를 안다는 것이고 회사를 안다는 것은 회사의 발전을 위해서 반드시 필요하다고 생각한다. 예전에 경험한 하나의 사례는 왜 회계를 알아야 하는지를 이해하는 데 도움을 준다고 생각한다.

아주 오래전 2002년 한일 월드컵 준비로 온통 나라가 떠들썩할 때로 기억한다. 어느 날 잘 알고 지내던 조그만 건설회사에 다니는 지인으로부터 연락이 왔다. 회사가 회계 관리 업무를 외부 세무사 사무실에 맡기고 있는데 법인세 납부액이 회계를 모르는 자기가 봐도 많다는 것이었다. 회사는 적자인데 법인세 3억 원을 납부해야 한다고 회사가 거래하는 세무사가 말했다고 한다. 자기를 포함한 회사 대표이사도 회계를 전혀 모르니 좀 도와달라는 연락이었다.

그 회사는 건설 관련 회사였고 매출 규모가 크지 않아서 경리 여직원 1명만 두고 세무사와 계약을 해서 회계관리 전반을 세무사에게 맡겨 놓은 회사였다. 더욱이 그 세무사는 몇 년 동안이나 그 회사를 관리해 오고 있던 나름 회사를 잘 이해하는 세무사였다.

처음에 전화를 받았을 때는 회계 결산과 법인세를 계산하는 것은 차이가 있을 수 있어 회계상 손실이라고 해도 법인세를 납부할 수 있다고 이야기하였으나 지인은 그래도 이상하다고 한번만 봐 달라고 계속 부탁하여 회사 회계 자료를 보내 달라고 해서 자료를 검토했었다.

그 지인으로부터 그 세무사가 계산한 자료를 받아 보니 지인 말대로 연간 매출액이 35억 원 수준의 회사가 법인세를 3억을 내는 결과가 나와 있었고, 이런 결과는 단순한 회계기준과 세법상의 차이로는 회사 규모 대비하여 차이가 크다는 생각이 들었다.

그래서 그 회사의 원가 계산부터 다시 살펴보니 법인세 3억 원을 납부해야 하는 것이 아니라 회사는 회계상으로도 세법상으로도 손실이 발생하는 상태였다. 법인세 납부할 금액이 전혀 없는 회사인데 세무사 사무실은 잘못된 기준 적용을 해 왔고 회사에서는 어느 누구도 그 내용을 모르고 있다가 2002년에는 그 오류 차이가 크게 발생하여 법인세 납부액이 3억 원이라고 한 것이었다. 워낙 큰 금액이다 보니 그제야 그 회사에서는 뭔가 이상하다는 느낌을 가지게 되었던 것이다.

세무사가 처음 작성한 결산서를 수정해서 다시 보내 주면서 회사 세무사에게 보내서 검토를 다시 부탁하라고 했다. 회사에서 그 내용을 받은 세무사가 자기 계산이 틀렸고 법인세 납부할 금액이 없다고 인정했으며 회사는 법인세 3억 원을 내야 하는 상황에서 세금을 납부하지 않는 상황으로 바뀌었다. 회사 경영 상황도 적자인 작은 회사가 법인세를 3억 원을 납부했다면 회사는 자금 압박에 시달렸을지도 모르고 회사의 커다란 위기를 초래했을지도 모른다.

만일 그 회사가 회사 세무사의 말만 듣고 진행했다면 어떻게 되었을까? 다행히 그 회사는 회계는 몰라도 뭔가 이상하다고 생각한 지인이 있었고 그래서 다행스럽게 그런 사고를 방지할 수 있었다.

이 사례를 보면 전문가인 세무사에게 정당한 비용을 지불하고 일을 맡겼음에도 불구하고 이런 실수가 발생하게 된 것이다.

분명 전문가에게 맡겼는데 왜 저런 일이 생겨서 자칫 회사의 존립을 위협할 만한 일이 발생하게 되었을까?

세무 전문가였지만 그 사람은 용역비를 받고 일을 대행하는 수준으로 생각하면서 일을 하기에 계산상 오류가 있는지에 대한 내용만 확인하고 회사에 결산서와 세무조정 계산서를 전달하기 때문이다. 실제 회사 상황을 잘 이해하는 내부자였다면 그런 결과에 대하여 이상하게 생각하고 다시 한번 확인하는 작업을 거치지만 전문 세무사는 그러지 않은 것이다. 그 세무사에게는 그렇게까지 할 이유가 없다. 회사에 있어 그 세무사는 한 명이지만 회사는 많은 그 세무사 고객 중 하나의 회사일 뿐이다.

만약 법인세를 실제로 납부하게 되었다면 회사 사장님

은 뭔가 회계나 세법에 대한 불신과 의구심을 가지게 될 것이다. 이런 의구심이 축적되면 회계에 대한 불신과 사업 자체를 운영하는 것에 대한 회의감이 들게 되어 더 이상 사업을 지속하고 싶지 않은 마음이 들 수도 있을 것이다.

실제 많은 회사의 비회계 부문 담당을 하는 사람들은 회계 처리에 대하여 부정적인 시각을 가지고 있는 것도 사실이다. 이런 사람들은 본인들의 경험과 직감 그리고 잘못된 상식을 가지고 마치 회계는 실제가 아닌 원하는 대로 만들어 낸다고 생각하는 분도 많다. 참으로 안타까운 일이다. 아마도 그 동안의 많은 회계 부정과 사건 사고로 그런 생각을 하지 않나 생각이 든다. 회계를 잘 모르고, 회계 처리 등에 이해가 부족해서 발생하는 일은 아닐까 생각한다.

회계는 기본적으로 올바른 회계 정보를 제공하여 의사 결정권자가 올바른 의사 결정을 할 수 있도록 도움을 주는 것이다. 재무제표는 회사의 회계 정보를 제공하고 있는데 정작 경영자가 재무제표를 신뢰하지 못하는 경우가 되어 회계 정보를 신뢰하지 않는다면 이는 회계의 기본 목적인 의사 결정에 도움을 주는 기능이 없어지는 것이다. 그런 회사는 회계는 단순히 은행 거래나 세무 신고를 위한 목적으로만 활용되는 것이다.

회계는 절대 세금을 내기 위해서거나 은행 거래를 위

해서 필요한 것이 아니라 회사의 올바른 의사 결정을 내리게 하기 위한 정보를 제공하는 것이라는 것을 강조하고 싶다.

　이렇듯 회계를 알면 작게는 잘못된 비용 지출을 막을 수 있고 크게는 회계 정보에 대한 스스로의 신뢰도를 높여 회사의 경영 의사 결정에 적극적으로 활용할 수 있다. 회계 정보는 회사의 의사 결정에 도움을 주는 중요한 역할을 하기 때문에 회계를 안다는 것은 올바른 의사 결정을 할 수 있게 하는 중요한 무기를 가지는 것이다. 회계를 안다는 것, 이것은 회사 회계 정보에 대한 스스로의 신뢰도를 높이고 그 자료를 토대로 하여 의사 결정에 반영하여 의사 결정에 대한 오류를 줄이는 효과로 나타난다. 이런 효과는 회사가 계속 기업으로 존속하고 성장할 수 있는 기초가 된다. 이것이 회계를 알아야 하는 이유이다.

2

회계를 어디까지 알아야 하는가

　그렇다면 회계를 알아야 하는 이유는 알겠는데 어디까지 알아야 하는 것일까? 이 주제가 어찌 보면 이 책의 가장 핵심 주제이다. 즉 회계를 전문으로 하지 않는 회사 최고 경영자, 영업이나 생산 부문에 근무하거나 일반 관리, 물류 부문에 근무하는 분들에게 회계를 이 정도까지는 아셨으면 좋겠다, 하는 것이 이 책의 목적이기 때문이다.

　앞에서 회계를 왜 알아야 하는지 그 중요성에 대해서는 이제는 이해했을 것이라 생각한다. 그럼 도대체 어느 수준까지 회계를 알아야 하는지에 대하여 궁금할 수 있다. 회사의 회계 담당자도 아니고 회계사도 아닌 사람들에게는 회계에 대한 접근이 쉽지는 않다고 생각한다. 그런 분들을 위하여 회계 실무자로 현업 담당자들과 같이 일을 하면서 이 정도는 이해해 주었으면 좋겠는데, 하는 나름대로의 기준이 생겼다.

단순히 현장 업무를 하면서 겪은 내용이므로 극히 주관적인 기준이나 그래도 이 정도만 알면 된다고 하는 여러 가지 참조 의견 중 하나로 활용하기 바란다.

회계 비전공자를 위한 것이므로 가급적 용어 중심과 일반적인 수준의 내용으로 다루었다.

각각의 회계 이론 중심의 세부적인 내용보다는 전체적인 내용 중심으로 그리고 단순한 재무 정보를 제공하기 위한 회계 목적이 아닌 회사 전체의 운영에 맞추어 회계를 이 정도까지는 이해했으면 하는 범위를 정했다.

이 책을 읽고 좀 더 특정 부문에 대하여나 회계 전반적인 전문 지식을 깊게 쌓고 싶으신 분들은 그 부분에 관련된 회계 전문 서적이 무척이나 많으니 그것을 참조하셔서 공부하시면 더욱 도움이 되리라 생각한다. 회계라는 것이 간단한 내용이 아니고 다루는 내용도 많고 각각의 사업 영역에 따라 처리하는 기준이 다르기 때문에 회계에 대한 접근이 무척 어려운 것이 사실이다.

회계원리, 재무회계, 관리회계, 세무회계, 재무관리 등 각각의 영역을 자세히 알려면 몇 년을 회계만 공부해도 시간이 모자랄 것이다. 비전공자가 이런 세세한 부분을 공부하려면 엄청난 양과 복잡한 기준 등으로 중도에 포기하고 마는 경우가 많다고 생각한다. 그만큼 회계는 어렵다고 생각하면 정말 어려운 분야다.

그래서 회계를 전공하지 않은 많은 분은 회계에 대한 공부의 필요성을 느끼면서도 쉽게 접근하지 못하고 있다. 무엇부터 시작해야 할지, 어디까지 공부해야 할지에 대한 기준을 잡을 수 없기에 더더욱 접근하기가 쉽지 않은 분야라 생각한다.

재미난 것은 도대체 회계를 어디까지 알아야 하는지를 이야기하거나 정의를 내려 주는 사람이나 책은 없었던 것으로 기억한다. 사실 이런 기준을 정하기도 무척이나 어렵기도 한 것도 사실이다. 사람들 각자의 요구 수준이나 필요한 이유가 다르기 때문에 특정해서 이 수준까지는 알아야 한다는 기준을 정하기 어렵기 때문이다.

물론 회계원리나 아니면 시중에 회계 전공자를 위한 것이 아닌 회계를 쉽게 만화처럼 소개하거나 이야기처럼 소개한 책들은 있었다. 그러나 그런 책에서도 회계의 일반적인 내용을 다루었지 회계를 어느 수준까지 알아야 하는지를 다루지는 않은 것으로 기억한다.

단지 그 책들도 그 책에서 다루는 내용만큼은 알아야 한다는 것인데 그런 내용 관련된 몇 권의 책을 읽어보니 경비 처리나 일반적인 재무제표 보는 법 등의 내용을 다루고 있었다. 회계를 공부하려는 분들에게 반드시 필요한 항목을 꼭 집어서 이해하기 쉽게 잘 쓴 책들이다. 그 책들을 쓰신 분들도 아마 본인들의 기준으로 이 정도는 알아야 한다는 기준을 설정하신 것이다.

그런 책들이 말하는 어디까지 알아야 한다는 이런 기준도 책을 쓴 작가들 개개인의 기준이듯이 이 책에서 말하는 것 역시 필자 개인이 정한 기준이라는 것을 참조해 주시기 바란다.

사실 경비 항목이나 재무제표를 보는 정도만 되어도 많은 도움이 된다. 그러나 그것보다는 회사를 이해할 수 있는 수준 그리고 회사 경영 정책을 결정하고 그런 정책을 이해하는 데까지 활용했으면 하는 개인적 바람이 더해진 기준으로 이 정도까지는 알았으면 하는 기준을 마련해 보았다. 더불어 회사 내부통제 등에 대한 내용까지 이해한다면 나름 만족스러운 수준이 되지 않을까 생각한다.

회계를 어디까지 알아야 하는가를 고민하면서 생각한 것이 "돈이 왼쪽 주머니에 있어야 하는지 오른쪽 주머니에 있어야 하는지에 대하여는 고민하지 마시라"라는 것이다. 단지 내 양쪽 주머니에 돈이 얼마나 있고 그 돈이 내 주머니에서 나와 다른 사람에게 옮겨지는 것이 정말 정상적으로 이루어졌고 그런 행위가 나의 통제 범위 내에서 행해졌는지를 이해하고 관리하는 정도를 회계를 알아야 하는 범위로 생각한다면 되지 않을까 싶다. 이것이 필자가 기준으로 삼는 회계를 알아야 하는 범위이다.

왼쪽 주머니에 있어야 할 것이 오른쪽 주머니에 있다는 것에 대한 조정과 분석은 회사 회계 담당자나 회계사에게 맡기면 되는 것이고, 우리가 여기서 관심을 가지는 것은 내 주머니에서 빠져나간 돈이 정상적인 절차와 통제에 의해서 나갔고 그 돈이 나간 이후에 내 주머니에는 얼마나 남아 있는지, 나간 돈의 대가는 무엇이고 그 대가는 정당한 것인지 그리고 나간 돈으로 인해 발생할 새로운 돈이 언제쯤 얼마나 내 주머니로 다시 들어오는지에 대한 범위까지는 회계를 알아야 한다고 생각한다.

돈이 나가고 들어오는 것을 알려면 내 주머니에 돈이 얼마나 있는지는 알아야 하는 것은 당연히 포함하는 것이다. 즉 내 주머니에 돈이 얼마 있는지를 알고 그 돈이 어떻게 사용되어졌고, 다시 주머니로 돈이 들어오는 일련의 과정을 알아야 한다는 것이다. 이러면 마치 회계 전반적인 것을 다 알아야 하는 거 아니냐는 걱정을 할 것이다.

회계의 복잡하고 어려운 내용은 돈을 왼쪽 주머니에 넣을 것인지 오른쪽에 넣을 것인지를 다루는 것으로 기준이 매우 복잡하고 각 사업의 종류에 따라 다른 기준이 적용되기도 하는 매우 어려운 일이다. 그런 복잡하고 어려운 것은 회계사나 회계 담당자에게 맡기고 커다란 흐름 속에서 관리를 하기 위한 전반적인 내용만을 다룬다면 부담은 많이 없어질 것이다.

여기서 잠깐 어떤 중소기업 사장님 이야기를 해볼까 한다. 그 사장님은 사무실의 창문을 회사 정문이 보이는 곳에 사무실 위치를 잡는다고 한다. 정문을 통해 나가는 인원과 물건의 이동을 보기 위해서 그리한다고 하는데, 그 이유는 언젠가 우연히 공장장이 회사에서 무엇인가를 몰래 가지고 나가는 것을 보고 몰래 따라가 봤다고 한다. 그랬더니 그 공장장이 근처 고물상으로 들어가 한참 후 빈손으로 나오는 것을 보았고, 공장장이 회사로 간 후에 사장님은 고물상에 들어가서 공장장이 무슨 일로 다녀갔는지를 물었다고 한다. 고물상 주인은 공장장이 금형을 고철로 매각하기 위해 다녀갔다고 하면서 몇 년 동안 거래를 해왔기 때문에 아무런 의심이 안 들었다고 하면서 공장장이 가져왔다는 고철을 보여주었는데 회사에서 생산이 중단된 제품의 금형이었다. 과거 몇 년 동안 그렇게 금형을 팔러 왔다는 이야기를 듣고 회사에 들어와서 회계 담당자와 금형 담당자 그리고 정문 경비 담당을 불러서 내용을 확인하니 회계 담당자나 금형 담당자는 내용을 몰랐다 하고, 정문 경비 담당자는 공장장이 가져 나가길래 일이 있어서 그러겠지, 하고 깊이 관여하지 않았다고 한다. 고물상 주인 말로는 지금까지의 금액이 적지는 않았다고 사장님에게 이야기해 주었고 거래 관련해서는 어떤 증빙도 없이 바로 고물을 가져오면 현금으로 주는 방식으로 거래를 했다고 한다.

회사 자산을 매각하고 돈은 회사로 입금해야 하는데 공장장은 자기가 임의로 매각하고 자기가 그 돈을 가져간 것이다. 그 공장장은 사장님과 창업할 때부터 같이 일해 온 사람으로 사장님은 회사 내에서 그 사람을 가장 믿고 신뢰하는 사람이었다고 한다. 그런 일이 있은 후부터 그 사장님은 창문을 통해 정문을 바로 볼 수 있는 위치로 사장실을 이동하여 시간만 나면 정문을 보고 있다고 하는 웃지 못할 이야기를 들은 적이 있다. 물론 그 공장장을 해고하거나 징계를 한 것도 아니고 회사 시스템을 개선하지도 않고 그냥 미어캣 사장님이 되신 것이다.

과연 그것이 현명하고 회사를 위한 최선의 방법일까, 하는 것에 대하여는 누구나 아니라고 할 것이다. 그러면 대안이 무엇일까? 그 사장님이 미어캣이 되지 않고 다른 더 생산적인 일에 집중할 수 있다면 회사나 사장님께 모두 이익이 될 것이라 생각한다.

그렇게 하려면 어떻게 하여야 할까? 내 주머니 속의 돈이 부정한 방법으로 나가는 것을 방지하기 위한 좋은 방법은 금형 관리나 정문 통제에 대한 흐름을 관리할 수 있는 방법을 찾는 것이다. 그런데 위에서 언급된 사장님은 이미 오랜 시간 믿고 있었던 사람의 부정을 본 후 다른 사람을 믿지 못하게 되었다. 그래서 이런 내용을 통제하기 위한 보완 시스템을 누가 이야기해 주거나 추천해도 그 시스템을 채택하거나 도입하지 않았다. 그 이유는 자기가 이해하지 못하는 통제시스템을 믿을 수 없었기 때문이다.

그렇다, 자기가 어떤 것에 대하여 내용을 잘 모르면 어떤 것이 옳은 것인지 아닌지를 판단하기가 어렵다. 더구나 사람에 대한 기본적인 신뢰가 무너진 경우라면 더더욱 그럴 것이다. 그래서 이 정도까지는 알았으면 하는 것이고, 이 정도 관리는 할 수 있을 정도는 되어야 한다는 것이다. 필자가 생각하는 회계 범위는 내부통제를 포함한 회계 범위를 이야기하는 것이기 때문이다. 따라서 기존에 생각하던 회계 범위와는 좀 다른 개념으로 정의하려고 하고 이런 생각 안에서 회계를 알아야 하는 범위를 이야기하고자 한다. 그래서 위에서 회계를 아는 범위를 자기 주머니에 돈이 얼마나 있고, 왜 나가고 또 언제 들어오는지를 관리하는 것까지 알아야 할 범위로 정한 것이다.

이 책은 그런 목적으로 쓴 것이므로 이 책을 가지고 회계 공부를 위한 목적으로 하는 암기식 방법이 아닌 이해하시는 수준이면 될 듯하다. 즉 최소한 이 책에서 소개하는 정도만 이해해도 미어캣이 아니고 무조건 누군가의 의견에만 의지하지 않고도 회사 경영 상황을 이해하는 능력을 가지게 될 것이라고 생각한다.

회사는 결국 돈을 버는 것이 목적이다. 결국 돈의 흐름과 관리를 할 수 있는 수준까지는 회계를 알아야 한다고 생각한다. 재주는 곰이 부리고 돈은 왕서방이 챙긴다는 말이 있다. 최소한 내가 번 돈은 내가 관리하는 범위 안에 있어야 하고 내 통제에 의해서 관리되어야 한다고 생각한다. 그런 정도까지 할 수 있을 만큼만 회계를 알면 된다. 더 많이 알면 좋겠지만 그래도 최소한 이 정도 범위까지는 알아야 한다.

3

회계란 무엇인가

　회계를 왜 알아야 하는지도 알겠고, 또 어느 범위까지 알아야 하는지도 알았으니 이제는 그럼 회계가 무엇인지를 아는 것이 필요하리라 생각한다. 회계란 비즈니스 활동을 측정하고 그 정보를 보고서로 처리하여 결과를 의사 결정권자에게 보고하는 정보 시스템이라고 정의한다.

　최초에는 부기라고 해서 상업고등학교에서 배웠던 단순 거래를 기록하고 그것을 보고서로 만드는 장부 기장의 개념이었다. 그러다 미국회계사협회(AAA: American Accounting Association)의 기초적 회계 이론에 관한 보고서(ASOBAT: a statement of basic accounting theory, 1996)에서 회계를 하나의 정보 시스템으로 정의해서 발표했다.

　위 내용으로만 보면 회계를 이해하기가 쉽지는 않다고

생각한다. 물론 "회계는 정보 시스템이래." 이 말을 외워서 이야기하기는 쉽지만 정작 회계가 무엇일까를 머릿속에 정의하기는 어려울 것이라 생각한다.

그럼 회계 정의를 좀 더 쉽게 이해할 방법은 없을까? 이해하기 가장 쉬운 비유로 감히 회계는 가계부라고 정의하면 어떨까 싶다. 회계 전공자가 아닌 사람들이 회계를 이해하는 방법으로 회계를 가계부로 이해한다면 훨씬 쉽게 이해되리라 생각이 든다. 가계부에 대해서는 많은 사람들이 잘 알고 있기 때문이다.

집과 회사는 비슷한 구조라고 볼 수 있다. 집과 회사를 비교해 보면 아빠는 생산과 영업 부문을, 엄마는 관리 부문을, 자녀들은 연구개발 부문이라고 볼 수도 있다. 물론 요즘은 엄마가 생산과 영업을, 그리고 아빠가 관리 부문을 담당하기도 한다. 또한 맞벌이 부부가 있어서 이런 내용을 분담하기도 하지만 이 예는 단지 회계와 비교를 위해 단순한 예시일 뿐이지 다른 의도는 전혀 없다는 것을 이해해 주었으면 한다. 아빠가 돈을 벌어 오면 엄마는 그 돈을 가지고 생활에 필요한 활동을 한다. 생필품 구입, 자녀 교육비, 아빠 용돈 등.

이때 엄마는 살림을 잘 관리하기 위하여 가계부를 쓴다. 수익과 지출 그리고 지출 내용이 무엇인지 그리고 월말이 되면 어디에 얼마를 썼는지도 그리고 남은 잔액은 얼마인지 관리하기 위해 가계부를 쓴다. 그렇게 가계부에 한 달간 수익이나 지출을 꼼꼼히 일자별, 항목별로 기입하고 월말이 되면 그 가계부 내용을 보고 한 달 동안 사용한 돈의 쓰임을 살펴보며 한 달 살림을 분석한다. 또한 그것을 바탕으로 하여 다음 달을 계획하면서 전체적인 가정의 경제활동에 대한 관리를 한다. 가계부를 잘 쓰는 집과 가계부를 쓰지 않거나 대충 쓰는 집과는 많은 차이가 있다는 것을 주변을 둘러보면 잘 알 수 있다. 가계부를 잘 쓰는 집이 훨씬 경제적으로 안정되고 더 저축도 하면서 살아가지만 그렇지 않은 집은 항상 돈이 부족하다 하고 어디에 썼는지도 기억 못 하고, 그러니 저축은 생각도 못 하고 항상 경제적 부담을 가지고 생활을 할 것이라고 생각한다. 물론 금전적으로 엄청난 부자여서 관리의 필요가 없는 경우는 제외하고 말이다.

회계는 가계부처럼 발생한 모든 회사 거래를 기록하고 분석해서 의사 결정자에게 전달해서 의사 결정자가 합리적 의사 결정을 할 수 있도록 도와주는 것이므로 회계는 가계부라고 이해하면 된다는 것이다. 단지 가정에서의 의사 결정권자는 아빠가 아닌 엄마이지만 말이다.

가계부는 쓰는 사람 각자의 기준과 명칭대로 작성하고 자기만의 해석이 가능하도록 작성하는 반면에 회계는 정해진 기준이나 원칙을 지켜서 작성하는 것이 가장 큰 차이라 생각한다. 따라서 회계는 회계 기준이나 원칙을 적용하면서 작성하기 때문에 어느 회사 재무제표를 보더라도 이해하기 쉽고 다른 회사와 비교하기 쉬운 장점이 있다.

기억하자, 회계는 가계부라고. 가계부를 이해하듯이 이해하면 된다고……. 가계부 잘 쓰는 집이 안정적인 생활을 하듯이 회계 관리를 잘 하는 회사도 안정적으로 경영활동을 할 수 있다.

참고로 우리가 현장에서 가장 많이 쓰는 경리라는 것에 대하여도 올바른 이해를 시켜 드리고 싶다. 우리는 흔히 경리 그러면 회사에서 상고 졸업한 여직원이 회사 은행 업무와 급여 업무를 하면서 사장님 비서 역할을 하는 직원을 말하거나 아니면 회계 관련 업무를 하는 인원을 약간 비하하는 듯한 느낌으로 경리라고 말하는 경우가 많다.

특히 중소기업 현장에서는 이러한 경향이 더더욱 강한 것으로 알고 있다. 그러다 보니 어떤 중소기업은 경리 부문에 회계 비전공자인 가족을 책임자로 두고 있는 경우도 많다. 아마도 자금관리를 주로 하다 보니 신뢰해야 하는 이유이기 때문이라 생각한다.

그런데 경리는 경영관리 또는 경영이치의 준말로 기업에서 발생하는 모든 사건을 포착하여 기록하는 것은 물론 예산편성, 자금관리, 업적평가 등을 포함하는 회사의 브레인 역할을 하는 중요한 업무이다. 이런 브레인 역할을 하기 위해서는 전문적인 지식과 재무 분석 능력을 필요로 하며, 이런 중요한 역할을 수행하는 전문가가 경리라고 올바르게 이해했으면 한다.

제2부

FORMAL DINNER
(정찬)

1

일반적 의미의 회계

앞에서 회계란 무엇인지에 대해 조금은 가볍게 이야기했다. 회계에 관심을 갖게 하고 또 회계에 대한 부담을 줄이기 위한 목적으로 내용을 다루었다. 회계를 어려워하지 말라는 의미로 마치 1장에서는 애피타이저, 즉 식욕을 돋우기 위해 정해진 식사 전에 나오는 음식처럼 가볍게 회계를 소개했다.

이번 2장에서는 정찬이라는 제목처럼 회계를 조금 더 자세히 소개할까 한다.

회계는 회사에 이해관계를 가진 불특정 다수에게 합리적인 경제적 의사 결정을 하는 데 유용한 재무적 정보를 제공하기 위한 일련의 과정 혹은 체계라고 할 수 있다. 이때 이해관계자가 외부 이용자에게 제공하는 것은 재무회계라 하며 통상 외부에 공개되는 재무제표를 작성하는 것으로 이해하면 된다.

반면, 내부 의사 결정권자에게 제공하는 것으로는 관리회계라 한다. 관리회계는 기업의 관리자에게 회사의 주어진 자원을 최대한 활용하여 경영 책임을 완수할 수 있도록 하는 데 필요한 회계 정보를 제공해 주고자 하는 목적의 회계이며 대표적인 것이 원가정보이다. 보통 회계를 말할 때는 재무회계, 즉 외부 이용자에게 제공 목적의 회계를 말한다. 그래서 재무회계를 먼저 이야기하고 관리회계의 핵심인 원가관리와 기타 내부통제 등에 대한 내용은 뒤에 다루기로 한다.

먼저 재무회계, 즉 회계를 이해하기 위하여 기본 용어에 대한 이해가 필요하다. 개별 계정에 대한 설명은 재무제표 설명에 각각의 예를 들어서 설명하기로 하고 여기서는 회계 관련 기본 용어라 해서 알고 있으면 회계 이해를 쉽게 할 수 있는 관련 기본 용어를 먼저 소개한다.

1) 회계 관련 기본 용어

(1) 차변과 대변

회계를 할 때 가장 많이 듣는 것이 차변과 대변이라는 말이다. 처음 차변과 대변이라는 말을 들어보는 분들은 한자를 찾아서 뜻을 해석하려고 하는 분들도 많이 있는

데 아직도 많은 분들은 차변과 대변의 의미를 정확히 모르는 분들이 많다.

그런데 너무나 우습고 단순하게도 차변과 대변은 별다른 의미가 있는 것이 아닌 단순히 왼쪽, 오른쪽이라는 의미이다. 즉 일상에서는 왼쪽, 오른쪽이라는 말을 회계에서는 차변, 대변이라고 한다는 것이다. 이후로는 그 어려운 한자 옥편을 찾아보면서 뜻을 해석하지 마시고 그냥 차변은 왼쪽, 대변은 오른쪽이라고 생각하면 된다.

(2) 거래

회계에서의 거래는 회사의 자산, 부채, 자본, 손익 등에 증감 영향을 주는 사건을 말한다. 즉 단순히 계약만 진행한 사건은 회계상의 거래가 아니다. 단순한 계약 행위로는 회사의 자산, 부채, 자본, 손익에 아무런 영향이 없기 때문이다. 회계에서는 반드시 자산, 부채, 자본, 수익, 비용 등 실질적인 변화를 가져오는 것이어야 한다. 즉 회사의 재산 상태에 어떤 변동이 있지 않은 것은 회계에서는 거래라 하지 않는다.

(3) 분개

발생한 거래 내용을 위에서 설명한 차변과 대변으로 나누어서 기록하는 것을 말한다. 회계의 첫 기록이며, 분개를 하기 위해서는 계정과목을 이해하고 거래의 성격을 잘 파악해서 기록하여야 한다.

장부에 입력하는 최초 단계이기에 이것이 정확해야 올바른 회계 정보가 제공된다. 그런 이유로 회계의 첫걸음이 분개라고 생각하면 쉽고 이것이 원시 자료로서 활용되기에 중요하다고 인식하면 된다.

그럼 어떤 것은 차변, 즉 왼쪽이고 어떤 것은 대변, 즉 오른쪽일까? 회계에서는 차변과 대변 구분을 거래의 8요소라 하여 이것을 근거로 차변과 대변에 기재하는 기준으로 삼고 있다.

차　　변	대　　변
자산의 증가	자산의 감소
부채의 감소	부채의 증가
자본의 감소	자본의 증가
비용의 발생	수익의 발생

회계를 배우는 사람들에게 위의 거래의 8요소라는 것은 알아야 할 가장 기초적인 것이다. 특히나 이 구분을 잘못하는 경우에는 가장 기초적인 자료가 틀린 것이므로 재무제표가 적정하게 작성되었다고 보기 어렵게 된다.

이 거래의 8요소는 사실 회계로 보기 어렵고 상업이라

고 하는 예전 중학교 때 배웠던 과목에 나오는 기초 개념이었고 상업고등학교 학생들이 배웠던 부기라는 과목의 기초 개념이다.

이것을 외우려고 하면 안 되고 뒤에서 설명하겠지만 자산과 부채, 자본 관계를 이해한다면 외우지 않아도 쉽게 알 수 있다. 자산은 부채와 자본의 합으로 이루어진다. 따라서 자산이 왼쪽이라는 것만 이해하면 부채와 자본은 오른쪽이어야 한다는 것을 쉽게 이해하게 된다. 즉 자산은 왼쪽, 부채와 자본은 오른쪽, 추가해서 비용은 왼쪽, 수익은 오른쪽 이것만 이해하면 된다는 것이다.

통상 장부에 "-" 표시로 기재는 잘하지 않으므로 자산이나 부채 자본 등이 감소하는 거래가 발생하면 기존 방향에 반대쪽에 기재하면 된다. 즉 자산이 왼쪽인데 자산이 감소하게 되면 오른쪽에 기재하면 된다. 부채와 자본도 감소는 원래 기재해야 하는 곳의 반대쪽 즉 왼쪽에 기재하면 된다.

(4) 현금주의와 발생주의

회계 담당자나 회계사와 이야기할 때 발생주의라는 말을 많이 들어보았을 것이다. 특히 회계 담당자와 거래의 귀속 시기를 이야기할 때 가장 많이 사용하는 말이 발생주의라는 말이고, 현업 업무를 하시는 분들은 익숙하지 않은 개념이라 할 수 있다. 보통의 세상 사람들이 생각하는 것은 현금을 주고받는 것을 기준으로 판단하는 것에 익숙한 상황에서 발생주의는 무척이나 비합리적으로 보일 수도 있을 것 같다. 현금이 나가지도 않았는데 장부에 기재하라고 하니 이게 무슨 소리인지 하는 생각을 가질 수 있다.

발생주의는 현금의 지급이나 입금과 관계없이 거래가 발생한 시점에 거래 내용을 장부에 반영해야 한다는 것을 의미한다. 이것이 회계가 가지고 있는 여러 가지 특징 중 하나가 아닐까 생각한다.

예를 들어 회사 급여 기준이 1일부터 31일까지 근무 기준으로 다음 달 10일에 지급한다고 하면 실제 현금 지급은 다음 달 10일이지만 회사 손익에 급여 반영은 실제 근로를 제공한 전월에 반영한다. 즉 현금의 지급 시기와 관계없이 거래가 발생한 시점 기준으로 재무제표에 반영하는 것이다. 현금의 지급은 지불 수단 중 하나이지 그 이상도 그 이하도 아니라는 것이다.

권리의무 확정주의라는 말을 들어보셨는지 모르겠다. 혹시 모르는 사람들을 위하여 잠깐 권리의무 확정주의를 설명하면, 재화 또는 용역의 인수 인도에 따른 권리의무가 확정되었을 때 손익을 인식하는 세법상의 손익 인식 기준이다. 다시 말해 현금을 주거나 받을 때가 아닌 권리와 의무가 확정되는 것으로 손익을 확정한다는 것이다.

즉 회계에서는 당해 손익을 위하여 적용하는 발생주의와 큰 개념에서는 같은 것이라 할 수 있다. 발생주의가 어떻게 보면 다음에서 언급할 수익과 비용의 대응 원칙을 적용하는 데 현금주의보다는 더 맞다는 생각으로 발생주의를 채택한 것으로 보인다.

현재 수익을 창출하기 위한 여러 가지 비용 발생 중에서 나중에 지급 의무가 발생하는 경우라면 미리 그 비용을 반영해서 손익을 구해야 한다는 개념이다.

어떤 회사가 자기가 만든 제품에 대하여 3년간 품질보증을 한다고 하자. 만일 3년 내에 제품에 하자가 발생하면 그 회사가 그 비용을 부담해야 한다. 이런 경우를 대비하기 위하여 충당금을 설정하여 그 해당하는 비용을 수익이 발생한 시기에 반영하여 손익을 계산한다.

이런 발생주의에 비교하여 사용하는 것이 현금주의이다. 현금주의는 모든 거래 인식 시점을 현금의 입금과 출금 시기에 거래를 인식하는 것이다. 현금주의는 집에서 이용하는 가계부나 한 번쯤 들어보았을 현금출납장 작성 기준이 바로 현금주의에 의해서 작성된다고 생각하면 된다.

실무에서는 발생주의 원칙을 적용하면서 일부 계정에 대하여는 현금주의를 혼용해서 사용하고 있다고 보는 것이 맞다. 그런데 엄격히 말하면 현금주의를 혼용하는 것이 아니라 금액의 추정 근거를 현금주의를 바탕으로 적용한다는 것이 맞는 의미이지만 말이다. 그러한 예를 한두 가지만 들어보면 이해가 좀 더 쉽지 않을까 싶다.

전기 요금을 예로 들어보자. 실제 생산을 위해 6월에 사용한 전기 요금이 7월에 70,000,000원이 청구되어 7월에 납부가 되었다고 한다면, 발생주의로 한다면 6월 말에 결산 마감을 위해서는 전기세를 반영하여야 한다. 6월에 생산한 제품에 전기세가 반영되어야 하기 때문이다. 그런데 아직 전기 요금이 확정되어 청구된 것이 아니므로 6월 전기 요금을 추정해서 반영하여야 하는 상황에 처하게 된다. 일반 회사에서 전기 요금을 정확히 추정하기는 어렵기 때문에 추정을 위한 합리적인 기준을 필요로 하게 된다. 이 합리적인 기준의 적용은 외부 회계 감사인에게 근거를 제시하여야 하기 때문에 중요한 내용이라 할 수 있다.

따라서 어떤 기준을 적용해서 추정 금액을 산정할지 결정해야 하는데 전월에 납부한 전기 요금을 당월 발생할 금액으로 추정하여 반영한다. 전월과 특이한 상황 변화가 없는 한 전체적인 사용량 변동 폭이 가장 비슷할 것으로 판단되기 때문이다. 마치 이런 방법이 현금주의를 택하여 반영한 듯 보이지만 실제는 당월 추정분을 전월 납부액으로 추정한 것이라는 의미이다. 이런 내용에 대하여 일부 외부 회계 감사인들은 현금주의라며 회사의 주장을 받아들이지 않는 경우도 있으니 그런 부분은 참조해두면 좋을 듯하다.

또 하나 예를 더 들어보면 한국의 많은 회사들 급여일이 25일인 경우가 많다. 그런 회사들은 대부분 급여 기산일이 전월 21일부터 당월 20일까지의 근태 마감 기준을 가지고 급여를 산정하는 경우가 많다. 물론 이런 기준을 적용하지 않는다 해도 1일부터 31일(또는 30일)을 기준으로 하지 않는 회사는 미기산일에 대한 급여를 추가로 반영하여야 한다.

발생기준에서는 이달 급여는 20일까지 근무한 것이 계산되었으므로 남은 10일 치를 추가 반영해야 하는 것이 발생주의 원칙에 맞기 때문이다. 그러나 전월에 10일 치나 당월 10일 치에 대한 금액 차이는 실제로 그리 크지 않다. 따라서 급여일에 지급한 급여를 그대로 반영해도 추정한 금액과의 차이가 크지 않기 때문에 실제 월 지급 급여를 결산에 반영하는 회사가 많다.

이런 경우도 전월 10일 치와의 금액 차이가 미지급비용이라는 계정을 설명할 때 자세한 설명이 되겠지만 여기서 간략하게 잠깐 예를 들어 설명하겠다. 추정치와 실질 비용의 차이가 크지 않은 이유를 설명할 필요가 있기 때문이다. 만일 전기세의 발생주의 반영을 정상적으로 한

다면 당월 전기세가 59백만 원이 예상되고 다음 달에 6
천만 원이 청구된다.

결산 마감 시

차변) 전기세 59,000,000

　　　　　　　　　　대변) 미지급비용 59,000,000

전기 요금 납부 시

차변) 미지급비용 59,000,000
　　　전기세 1,000,000

　　　　　　　　　　대변) 현금 60,000,000

　이렇게 정리가 되며 결론은 맨 마지막 월의 차이 금액
인 백만 원 때문에 복잡한 분개와 관리 항목이 많아지는
일을 해야 하는 것이다. 또한 기말에 차이 금액도 기초에
전년에 이월된 금액을 조정하는 것을 감안한다면 사실
의미가 거의 없는 차이이기 때문에 실무에서는 실제 납
부한 금액을 당월 비용으로 인정하는 방법을 많이 사용
한다.

　그러나 이런 내용을 외부회계 감사인들은 발생주의로
적용해야 한다고 의견을 주는 경우가 많다. 아주 일부 외
부 회계 감사인의 경우에는 강하게 주장하는 경우도 있
어 회사는 발생주의 적용 시 외부 회계 감사인과 사전 의

논을 하거나 충분한 협의가 필요한 원칙 중 하나이다.

(5) 수익 비용 대응 원칙

이 원칙은 수익이 발생할 때 그 수익 발생을 위하여 희생한 모든 비용은 그 수익에 모두 반영해야 한다는 것이다. 즉 수익을 실현시키기 위해 발생한 비용은 그 수익이 발생한 시기에 아직 확정이 되지 않은 비용이 있다 하여도 향후에 현재의 수익과 관련한 비용 발생이 예상된다면 그러한 비용 모두를 다 예상하여 수익에 대응시켜야 한다는 것이다. 회계에서의 손익은 수익에서 비용을 차감한 것으로 표시하기 때문에 올바른 손익을 표시하기 위해서는 수익에 관련된 모든 비용이 다 반영되어야 한다는 것이다.

따라서 수익 발생에 대한 미래에 부담할 비용도 추정해서 다 반영해야 올바른 이익 계산을 한다는 의미이다. 대표적인 것으로 반품 보상비나 정기적으로 지급하는 상여금이 있는 경우 이 금액을 월별로 나누어 반영하여 월별 수익에 대응시키는 것이라 할 수 있다. 반품 보상비는 그렇다 하더라도 상여는 왜 그렇지? 하고 생각할 수도 있다.

상여는 월마다 지급되는 것이 아닌 지급 시기가 특정 기간으로 정해져 있지만 매월 그 영향이 균등하게 영향을 준다고 할 수 있으므로 이를 기간상여라 하면서 지급이 이루어지지 않았지만 비용으로 인식하여 반영한다는 것이다.

상여가 2개월에 한 번 지급을 하거나 3개월에 한 번 지급을 하는 경우 그 상여의 대가인 근로의 제공은 2개월 또는 3개월을 근무한 것에 대한 대가이므로 월별로 나누어서 반영하는 것이다. 즉 근로를 제공한 기간에 나누어서 반영한다는 의미에서 발생주의 성격이라고 할 수 있다. 이런 수익비용의 원칙은 제품별, 기간별 이익 분석을 할 때 올바른 분석을 통한 의사 결정에 도움이 되는 원칙이다.

(6) 수익과 이익

일반적으로 수익과 이익에 대하여 비슷한 개념으로 사용하는 사람들도 많다. 그러나 회계에서만은 수익과 이익은 확실히 구분하여야 한다. 수익이란 회사가 벌어들이는 것이다. 즉 매출이나 고철 매각 등을 통하여 회사가 벌어들인 모든 것이다. 그에 비하여 이익은 수익에서 비용을 차감한 것이다.

어떤 회사를 방문하면 수익 창출이라고 슬로건을 건 회사도 볼 수 있고 이익 창출이란 슬로건을 건 회사도 볼 수 있었다. 아마 두 회사의 기본 목표는 매출 향상이라는 수익 창출과 이익 중심 경영을 목표로 둔 차이라고 할 수 있겠다. 즉 수익 창출을 목표로 하는 회사는 매출 증대로 인한 회사 성장을 목표로 하는 회사이고, 이익 창출이 목적인 회사는 성장보다는 안정을 우선 목표로 한다는 의미가 있다고 할 수 있다. 회사의 대표이사가 이런 개념을 혼동하고 있다면 회사는 매출 증가를 통한 회사의 성장을 위해 수익 창출이라는 경영 목표를 세웠는데 이것을 이익 창출이라는 목표로 해석한다면 회사의 경영 목표 달성을 위한 실천 방법이 달라져 목표 달성이 어렵게 될 수도 있다. 올바른 용어에 대한 정의가 필요한 이유이기도 하다.

이러한 개념에 대하여 명확하게 구분하는 것이 크게는 회사의 경영 목표 달성을 결정하는 데도 중요한 요소가 될 수 있다.

(7) 영업활동, 투자활동, 재무활동

회사에서 영업활동이라는 말은 일반적인 의미의 판매라는 개념이 아니다. 회사에서 영업이라는 것은 회사의 정관에 규정된 사업과 관련된 활동이라고 할 수 있다. 즉 정관에 규정된 사업이 아닌 수익활동은 영업활동으로 볼수가 없고 영업외활동으로 구분한다. 즉 회사에서의 영업활동과 영업외활동을 구분하는 것은 정관에 정해진 사업 범위에 포함되는지 아닌지로 결정된다는 것을 알아야 한다. 투자활동이라는 것은 금융 상품 관련 투자를 말하는 것이 아닌 회사에서 본연의 영업활동을 수행하기 위한 유형자산 및 무형자산 취득, 개발비에 대한 투자, 지분 투자 등 미래 수익을 창출하기 위해 지출하는 비용을 말한다.

회사의 투자활동은 회사의 현재 및 미래에 대한 사업 전망도 같이 나타내 준다고 할 수 있는 자료이다. 재무활동은 차입금이나 리스 이용 관련 등의 활동에 의한 것을 말한다. 영업활동은 수익을 창출하는 활동으로 인한 현금의 유입 및 유출을, 투자 활동은 미래의 수익을 창출하기 위하여 미리 준비하는 활동과 관련된 현금의 유입과 유출이라고 이해하면 된다. 재무활동은 이러한 활동들을 지원하기 위해 필요한 자금의 조달 관련된 활동이라고 이해하는 것이 좀 더 쉽지 않을까 싶다.

이 세 가지 활동은 현금흐름표를 이해하고자 할 때 도움이 된다. 현금흐름표는 영업활동과 투자활동, 재무활동을 통한 현금의 유입과 유출을 보여주는 재무제표이기 때문에 각각의 활동이 어떤 현금의 유입과 유출을 보여주는 것인지를 이해하는 것이 중요하다고 생각한다.

(8) 회계와 재무 구분

많은 사람들이 혼용해서 사용하고 있으며 또한 실제

구분하기도 쉽지 않은 것이 회계와 재무 개념이다. 흔히들 재무는 조금 높은 의미, 좋은 의미로 전체적인 자금 조달과 운용 그리고 외환 관리 등 자금 관리를 재무로 정의하는 경우도 많은 것 같다.

이에 비하여 회계는 현업에서 사용한 비용을 집계하여 결산서를 만들고 그것을 바탕으로 세금을 납부하는 정도로 많이들 생각하고 있다. 아주 틀린 말은 아니지만 옳은 말이라고 보기도 어렵다. 올바른 재무활동을 하기 위해서는 올바른 회계 처리가 바탕이 되어야 한다. 그런 의미에서 두 개념의 차이를 보면 재무는 자금의 흐름에 관한 것으로 자금의 조달을 어떻게 할 것인지부터 출발하여 자금 운용에 관한 전반적인 사항을 관리하는 개념이고 회계는 자금 사용을 기록하고 그것이 올바로 사용되었는지를 감사하는 개념으로 이해하면 어떨까 싶다.

즉 회계는 과거를 기록하고, 그것에 대한 적정성 등을 감사하는 것이고 재무는 미래를 위한 계획을 포함하여 예산 편성 및 관리를 하는 것으로 회계는 과거를, 재무는 미래를 관리하는 것으로 이해하면 회계와 재무 구분이 쉽지 않을까 싶다.

2) ERP

예전에는 기장이라는 말을 회계 실무에서 많이 사용했다. 지금도 세무사 사무실을 지나다 보면 기장 대리란 말을 흔하게 볼 수 있을 것이다. 기장(記帳)이란 말 그대로 장부에 기록을 한다는 의미이다. 따라서 세무사 사무실의 기장 대리란 말은 회사에서 해야 할 회계 입력을 세무사 사무실에서 대신해 준다는 의미이다.

규모가 크지 않은 회사에서 회계 담당자나 시스템에 대한 투자가 부담스러운 경우 세무사나 회계사 사무실에 기장을 맡기는 것이 더 효과적이라 판단하여 기장 대행을 맡기고 있다. 그러나 그런 경우라도 회사에 회계를 올바르게 알고 있는 담당자가 반드시 필요하다. 회사의 영업 상황 등 내부 상황을 자세히 알고 있는 것이 회사에서 올바른 회계 처리에 많은 도움이 되기 때문이다.

그래서 회사가 일정 규모로 성장하게 되면 기장 대리보다는 자체 기장이 더 많은 장점을 가지고 있기 때문에 내부에서 자체 기장을 하는 것을 권장한다. 자체 기장은 세무사 사무실이나 회계 사무실에서 대리로 기장하는 것보다는 회사 상황과 거래 내용을 정확히 알고 있기 때문에 보다 정확한 기표가 가능한 장점이 있다. 아울러 회사의 경영 의사 결정 시에도 내부에서 정확하고 신속한 정보를 제공받을 수 있는 장점이 있다.

또한 자체 기장을 하는 직원은 회사 직원이기 때문에 회계사나 세무사 사무실에서 기장을 하는 직원들보다 주인 의식이 있고, 개선을 하려는 의지도 있고 혹시 이상한 것이 있어도 바로 조정을 하여 회사에 혹시나 발생할 손실을 예방하기도 한다.

앞에서 분개라는 개념을 소개하면서 분개가 실무상 회계를 시작하는 최초의 회계 기록이라고 했다. 이런 분개한 내용을 장부에 입력하는 것을 기장이라고 한다. 분개 자체는 거래를 구분하는 것이고 분개 내용을 장부에 입력하는 것을 기장이라고 한다. 그런데 예전에는 기장을 손으로 직접 써서 관리를 했기 때문에 시간도 오래 걸리고 기장 오류 등으로 데이터에 대한 정확도도 많이 떨어졌다.

더더욱 사람이 몇 번을 수작업으로 옮겨 적어야 결산서를 만들 수 있었던 시대에서는 입력 오류, 전기(傳記) 오류, 담당자의 능력 차이 등으로 인하여 회계정보에 대한 정확성과 내용을 분석하는 데 한계가 존재했다.

또 가끔 옛날 회계 부서에서 근무했던 선배들의 이야기를 들으면 여관방 잡아 놓고 결산을 했다 하면서 매일 밤을 꼬박 새워 결산 업무와 세무 신고 업무를 했다고 하는 이야기를 마치 옛날 무용담 이야기하듯이 하면서 그때는 정말 힘이 많이 들었다고 한다. 그러다 보니 젊은 사람들이 회계 부문에서 일하는 것을 많이 꺼리기도 했다.

그러나 현대사회의 IT 기술의 발달은 회계 분야에서도 엄청난 영향을 끼쳤다. 지속적인 IT의 발달은 ERP라는 전사적 자원관리 시스템을 탄생시켰다. ERP(Enterprise Resource Planning)는, 즉 전사적 자원관리라는 의미로 회계뿐 아니라 영업관리, 생산관리, 품질관리, 인적자원관리, 회계 및 자금 관리, 구매 등 회사의 모든 활동을 전산 시스템을 통해 관리하는 것이다.

초기에는 단순한 회계 관련 분야의 전산 회계가 개발되어 사용해 오다 회계 분야뿐이 아닌 회사 전체의 활동에 대한 관리의 필요성이 제기되어 전사적 자원관리로 발전하게 되었다. 그럼 왜 그런 필요성이 제기되었을까? 회계의 보고서인 재무제표가 작성되기 위해서는 단순한 비용의 집계만이 아닌 생산, 영업 등 회사의 모든 활동에 대한 자료가 다 반영되는 결과물이기 때문이다.

뒤에서 이야기할 원가 계산을 하기 위해서는 생산 관련 자료가 필요하고, 매출과 외상 매출채권 자료를 보기 위해서는 영업자료가 필요하다. 이런 자료가 기존에는 각자 다른 시스템이나 다른 방법으로 관리되었기 때문에 투입 시간 대비 상당히 비효율적인 관리 방식이었다. 물론 각각의 영역에서 오류가 있더라도 그것을 바로 수정해서 반영하기는 불가능했다.

그런 모든 문제를 한 번에 해결한 것이 ERP이다. 회사 모든 활동에 대한 전산 관리를 통하여 누구나 그 정보를 볼 수 있고 전산의 일관된 흐름으로 인하여 오류 발생 시 바로 발견 가능해서 수정이 가능하고 상당히 빠른 시간에 결산 내용을 볼 수 있는 장점이 있다.

또한 각 부문별 정보의 전산 연계를 통한 자료의 정확성, 객관성을 확보할 수 있고 각 부문의 자료 공개를 통하여 투명한 정보 제공이 가능하다. 아울러 과거에는 자료를 집계하고 정리하기 위하여 많은 인원이 필요했지만 전산화를 통하여 인원절감 효과도 기대할 수 있다.

아울러 요즘 가장 뜨거운 이슈인 스마트 팩토리 등을 적용하는 데 있어서 중요한 데이터 축적의 주요 축을 담당할 ERP는 회사에 무척이나 중요한 것이라고 할 수 있다.

이런 장점으로 ERP는 많은 회사들이 도입하여 사용하게 되었으며 활용 범위 또한 계속 확대되고 있다. ERP 장점이 가장 잘 나타나는 것 중 하나가 정확성과 속도다. 대표적으로 원가 계산을 하기 위하여 수작업으로 생산자료와 재고 관련 자료를 집계하여 며칠씩 하던 일들을 ERP를 통해 훨씬 빠르고 정확하게 계산하게 되었다.

ERP를 통한 빠르고 정확한 결산은 단순히 업무 효율만 가져온 것이 아니다. 과거에는 자료를 만드는 데 오랜 시간이 걸리다 보니 분석보다는 자료 작성에 많은 노력과 시간이 투입되었다면 ERP로 인하여 현재는 분석 작업에 많은 시간을 할애하여 회사의 의사 결정에 많은 도움을 줄 수 있게 되었다. 과거에는 보고서 작성에 집중했다면 이제는 결과에 대한 분석을 통하여 미래 전략 수립에 도움이 되는 정보를 제공할 수 있는 커다란 변화를 가져왔다는 것이다. 실제 회사의 모든 활동에 대한 결과 보고서가 재무제표이므로 ERP의 궁극의 목적은 회사 업무 관련 모든 활동의 결과를 빠르고 정확하게 관리하여 그 모든 활동의 결과물인 회사 재무제표를 작성하여 보고하는 것이라 생각한다.

따라서 ERP의 정확한 운영과 개선을 위해서는 회계 지식을 기본 바탕으로 하는 것이 필요하다. 영업 부문 매출관리, 생산은 재고관리, 생산관리 등 모든 활동이 최종 종착지인 재무제표에 반영되기 위한 것이므로 이러한 내용을 현업 담당자도 이해해야 하고 의사 결정권자도 이해해야만 한다.

즉 회사 업무별 각각의 담당자와 의사 결정권자들이 회계에 대한 기본지식이 있을 때 보다 더 효율적으로 회사 자원 관리가 이루어지고 그것을 바탕으로 한 효율적인 회사 전체 경영 상황 등을 파악할 수 있다.

ERP 시스템의 정확한 운영과 활용을 하기 위해서는 전사 각 부문의 영역에 대하여 기본적인 회계 지식이 있어야만 한다. 단순한 회계 지식을 말하는 것이 아닌 경영 상의 중요한 손익 개념, 자산 개념을 올바르게 이해하고 있어야만 된다는 것이다. 또한 각 부문에 업무 관리 프로세스 정립도 회사의 통일된 경영정책을 기초로 하여 일관되게 작성되어야 한다는 것이다. 일부 어떤 회사를 보면 전산상, 즉 ERP상 업무 처리 절차와 실제 현업에서 하고 있는 업무 처리 절차가 다른 것을 볼 수 있다.

이런 ERP는 아무런 효과도 없이 단순히 자료만 이중으로 관리하는 번거로운 일만 생기는 것이다. 올바른 ERP를 구축하는 것은 단순 전산화 수준이 아니라 회사 시스템을 새로이 만드는 것을 의미한다. 즉 현업에서의 실제 업무 흐름에 관련된 자료들을 ERP에 적용해야 ERP에 대한 정확한 효과를 기대할 수 있는 것이다. 이런 ERP를 구축하기 위해서는 의사 결정권자의 결정이 필요할 때가 있으며 이런 경우 관리 시스템을 이해해야만 각 부문 간 갈등이나 업무 조정을 할 수 있다. 그러나 아직도 많은 회사에서는 이런 업무를 전산 담당자에게 맡기는 의사 결정을 하는 경우가 많다. 그러나 이것은 잘못된 결정이다.

요즘 대다수의 회사는 내부 회계 담당자가 지정되어 있으니 내부 회계 담당자가 총괄이 되는 게 가장 좋다고 생각하며 여의치 않은 경우에는 회사 회계 담당자가 그 회사의 전체 업무 절차나 시스템에 대하여 많은 이해를 하고 있으니 회계 담당자가 총괄하는 것이 더 효과적이라고 생각한다.

따라서 전산 담당자가 총괄하기보다는 회사 내부통제 담당자나 회계 총괄 담당자가 중심이 된 팀을 구성하는 것이 더 효율적이다. ERP를 중심으로 추후 MES(Manufacturing Execution System) 도입을 통한 스마트 팩토리로 가야 하기 때문에 큰 그림을 그리고 이를 통해 하나하나의 개별 단계를 관리하면서 추진해 나갈 수 있도록 담당자 선정을 잘 해야 한다고 생각한다. 앞서 언급한 ERP 장점 외에 효율적인 업무 진행과 더불어 내부통제 관리가 쉽다는 것이다.

ERP는 전산에 현업에서 자료를 직접 입력하고 그것이 그다음 부서에서 연결해서 자료를 활용하기 때문에 특정 부서에서의 자료 조작이나 오류 발생에 대한 검색 기능이 있고, 전산에 입력한 자료 관리로 누군가가 임의로 수정을 하려고 하는 것도 불가능하다. 설사 수정한다고 해도 시스템에 접속한 기록으로 수정한 사람을 찾아낼 수 있어 안정적인 자료 관리가 된다. 또한 각각의 ERP 기능에 대한 접근 권한 관리도 가능하다.

이런 기능은 회사 내부통제 절차를 좀 더 수월하게 하는 데 도움이 된다.

많은 회사들이 통제에 대한 부분을 의외로 소홀히 하는 경우가 많은데 내부통제에 대한 중요성은 현대 기업에서 점점 더 강조되고 있다. 그래서 외부 회계 감사기관은 내부통제 절차에 대한 감사 용역을 추가해서 진행할 정도이니 회사 내부에서도 내부통제에 대한 관심을 높여야 한다. 내부통제에 대한 자세한 내용은 뒷장에서 설명할 예정이다.

이 회계에 기본을 설명하면서 ERP를 이리 길게 이야기하는 것은 그만큼 ERP가 중요하고 의사 결정권자 역시 ERP에 대한 이해를 많이 해야 한다는 것을 강조하려고 하는 이유이다. ERP 도입은 단순한 전산 패키지 도입이 아니고 회사 골격을 다지는 중요한 시스템 도입이라는 인식이 중요하다.

그런데 정말 아쉬운 것은 ERP 도입을 한 후에도 회사 의사 결정권자들은 ERP 활용을 잘 하지 않고 현업 담당자의 수작업 보고서에 의존하는 경우가 많은데 좋은 승용차를 고가에 구입해서 운행하지 않고 집 앞 마당에 주차만 해 두고 바라만 보고 있는 것과 다를 것이 없다고 생각한다.

좋은 차를 샀으면 그 차를 타고 여기저기 다니면서 활용해야 자동차를 산 본래의 목적을 달성하는 것처럼 ERP를 도입했으면 활용하는 것이 더욱 중요하다. 의사 결정권자 자리에서 회계에 대한 조금의 이해와 ERP 활용만으로도 회사 상황을 다 파악할 수 있다는 것을 인지하고 잘 활용하려는 노력이 필요하다. 지금부터 ERP와 가장 친한 친구가 되어 자주 찾아보면서 우정을 다진다면 회사 경영에 큰 힘이 되는 친구가 될 것이라고 생각한다.

3) 재무제표

재무제표는 회사 내·외부 관련자에게 정보를 제공하기 위해서 작성하는 것이며 회계가 정보 시스템이라고 정의할 때 그 정보 시스템의 산출물이 재무제표이다. 상장법인은 분기마다 재무제표를 공시하여야 하며, 비상장법인이라도 일정 규모 이상의 법인은 1년에 한 번 감사보고서를 제출하여야 한다.

여기서 일정 조건이란 비상장법인이라 하더라도 자산 총액이 120억 원 이상이거나 자산 총액이 70억 원 이상이면서 부채 총액이 70억 원 이상 또는 종업원 수가 300인 이상인 기업은 감사보고서를 제출해야 하는 법인이다.

재무제표란 회사의 경영에 따른 재무 상태를 파악하기 위해 회계 원칙에 따라 표시한 재무 보고서를 의미하며 결국 회사의 경영 상태를 보고하는 보고서로 이해하면 된다. 재무제표는 재무상태표, 손익계산서, 현금흐름표,

자본변동표, 주석을 총칭하여 재무제표라 한다.

먼저 간단히 요약 정리해 보면 다음과 같다.

- 재무상태표: 일정 시점의 회사가 보유하고 있는 자산, 부채, 자본의 잔액에 대한 정보를 보고하는 재무제표로 기업이 자산을 어떻게 운용하고, 자금 조달을 어떻게 하는지에 대한 정보도 제공한다.
- 손익계산서: 일정 기간 동안 회사가 벌어들인 총수익에서 수익을 얻기 위하여 쓴 비용을 차감해 이익이 얼마나 발생했는지를 보여주는 재무제표로 회사의 경영성과를 평가할 수 있는 보고서이다.
- 현금흐름표: 일정 기간 동안 회사의 현금 유입과 유출에 대한 내용을 보고한다.
- 자본변동표: 일정 기간 동안 자본금이 변동되는 흐름을 파악하기 위해 자본의 변동 내역을 기록하는 보고서이다.
- 주석: 재무제표를 더 이해하기 쉽게 추가적인 설명을 기록하는 보고서이다.

주석을 제외한 4개의 재무제표 사이에는 서로 관계가 있다. 먼저 손익계산서의 당기 순이익은 재무상태표와 자본변동표에 당기 순이익 금액과 일치하며, 자본변동표상의 기말 합계액은 재무상태표의 이익잉여금 합계액과 일치하여야 한다. 또한 재무상태표의 현금 잔액은 현금흐름표의 기말 현금 잔액과 일치하여야 한다. 이렇듯 각각의 재무제표는 다른 재무제표에 상관관계를 맺고 있다. 이런 재무제표 사이의 관계를 통해 재무제표가 적정하게 작성되었고 신뢰성이 있다는 의미도 갖는다.

(1) 재무상태표

재무상태표는 일정 시점의 재무적 상태를 보고하는 재무제표 중 하나이다. 재무상태표는 자산, 부채, 자본으로 구성된다. 다른 재무제표가 일정 기간의 경영 성과를 표시하는 것에 비하여 재무상태표는 일정 시점의 상태를 표시하는 특징이 있다.

보통의 사람들은 손익계산서가 재무상태표보다 더 유익한 정보를 제공한다고 생각들 하고 있다. 매출액과 영업이익 등 사람들이 쉽게 이해할 수 있는 정보를 제공하기 때문이다.

그러나 재무상태표는 정말 회사에 대한 많은 정보를 제공한다. 회사의 자금 상황, 자금의 사용처, 회사 자산 상태가 자기자본이 많은 안정적인 상황인지에 대한 내용 등을 볼 수 있는 중요한 재무제표이다.

재무상태표는 자산, 부채, 자본으로 구성되며 기본적으

로 자산=부채+자본이라는 식으로 표현된다. 자산, 부채, 자본에 대하여 지금부터 자세히 알아보기로 한다.

재무상태표

제XX기 20XX.12.31. 현재
제OO기 2000.12.31. 현재

(단위: 원)

	당 기	전 기
자산		
유동자산		
현금 및 현금성자산		
단기금융상품		
매출채권		
기타채권		
재고자산		
기타유동자산		
비유동자산		
장기금융상품		
장기투자자산		
종속, 관계기업투자주식		
유형자산		
사용권자산		
무형자산		
이연법인세자산		
기타비유동자산		
자산 총계		
부채		
유동부채		
매입채무		

	당 기	전 기
기타채무		
단기차입금		
당기법인세부채		
충당부채		
기타유동부채		
유동리스부채		
비유동부채		
장기매입채무 및 기타비유동채무		
비유동리스부채		
부채 총계		
자본		
자본금		
자본잉여금		
기타자본		
이익잉여금		
자본 총계		
자본과 부채 총계		

가. 자산

자산은 미래에 효익을 가져올 것으로 기대되는 자원들이다. 즉 미래에 이익을 가져올 수 있는 회사의 모든 자원들을 자산이라고 한다. 여기에는 눈에 보이는 자원과 눈에 보이지 않는 자원을 다 포함한다. 눈에 보이는 자원으로는 현금, 재고자산, 고정자산 등이 대표적이고 눈에 보이지 않는 자원들은 특허권, 상표권 등의 자원이다.

또한 자산을 조금 더 쉽게 이해하려면 자산을 그저 사

람들이 말하는 재산이라고 보아도 크게 이상하지는 않다.

예를 간단히 들어보면 어떤 사람이

예금 천만 원
아파트 4억 원(은행 대출 2억 원)
자동차 7천만 원(자동차 할부 3천만 원)

을 가지고 있다고 가정을 하면, 이 사람의 자산은 4억 8천만 원이다. 대출과 할부금같이 남에게 앞으로 지급해야 할 부채도 다 자산으로 포함하기 때문이다. 즉 자산은 부채와 자본을 합친 것을 말한다.

그렇다면 부채를 왜 자산에 합칠까? 자산에서 제외해야 하는 거 아닐까 하는 의문을 가질 수 있을 것이다. 위 예에서 집이라는 자산을 살 때 대출과 자기 돈으로 집을 사도 그 집 전체가 내 소유이지 대출 부분만큼은 은행 소유가 되는 것이 아닌 것과 같은 이치이다. 즉 내 자산 중 일부는 남에게 갚아야 할 부채가 포함되어 있다는 것을 이해하면 자산은 부채와 자본으로 구성된다는 것을 쉽게 이해할 수 있을 것이다.

즉 위의 예를 가지고 설명하면 이 사람의 총 자산은 4억 8천만 원이다. 수식으로 표현해보면 4억 8천만 원 = 2억 5천만 원 + 2억 3천만 원이다. 여기서 2억 5천만 원은 자기 돈, 즉 자기 자본이고 2억 3천만 원은 은행대출과 자동차 할부 대출 금액을 합친 부채이다. 즉 내 총 재산 4억 8천만 원은 내 돈 2억 5천만 원과 남에게 갚아야 할 부채 2억 3천만 원으로 구성되어 있다는 것이다.

자산을 일반적인 재산이라는 개념을 사용한다면 자산은 그 회사가 가지고 있는 총재산이라는 개념으로 이해하면 좀 더 쉽지 않을까 싶다. 재무상태표를 이해하기 위해서 유동성(流動性)이라는 개념도 먼저 알아야 한다. 재무상태표에서의 유동성은 자산이 현금으로 전환할 수 있는 정도를 나타낸다. 즉 회사가 보유하고 있는 자산이 얼마나 빨리 현금화될 수 있는가를 의미하며 재무상태표 배열 순서는 유동성이 빠른 것부터 기재한다. 현금이 재무상태표 맨 위쪽에 표시되는 것이 바로 유동성이 가장 빠른 자산이기 때문이다.

재무상태표에서 자산은 통상 유동자산과 비유동자산으로 구분한다. 유동자산은 현금화가 비교적 쉽게 되는 자산으로 외상매출금, 재고자산 등이며 비유동자산은 보통 1년 이상 가지고 있으면서 특별한 영업 이외의 사항이 아니면 매각하지 않는 토지, 건물 그리고 눈에 보이지 않는 무형자산이다.

비유동자산은 대표적인 것이 현장에서는 고정자산이라고 많이 사용하는 유형자산, 무형자산 등이다. 아마 현장에서는 유형자산이라는 말보다는 고정자산이라 많이 사용하고 있으므로 고정자산이란 말이 더 익숙하리라 생각한다.

어떻게 부르는가가 중요한 것이 아니고 개념을 정확히 아느냐가 중요하므로 개념을 바로 알도록 하는 것에 더 집중했으면 한다.

그럼 유동자산과 비유동자산의 구분은 크게 1년 이내라는 기간과 현금화할 수 있는 정도로 구분한다고 이해하면 된다. 재무상태표는 유동성 기준으로 배열한다고 했으니 아마도 유동자산이 비유동자산보다는 먼저 표시될 것이라는 것은 이제 뭐 기본 상식이 되었을 것이라 생각한다.

그럼 이제부터 유동자산이 어떤 것이 있는지 대표적인 계정 중심으로 하나씩 알아보도록 하겠다.

① 유동자산

유동자산은 1년 이내에 현금화할 수 있는 자산을 말하며 재무상태표는 유동성이 빠른 순서로 배열한다고 앞에서 이야기하였다.

그렇다면 재무상태표상에서 최상에 위치하는 계정, 즉 유동성이 가장 빠른 자산은 무엇일까? 당연히 현금이다. 그래서 재무제표 최상단에 현금 및 현금성자산이 위치하며 그래서 현금 및 현금성자산부터 설명하고자 한다.

현금 및 현금성자산

유동성이 현금화가 빠른 정도라 했으니 제일 먼저 표시하는 계정은 뭐니 뭐니 해도 머니(Money)인 현금이다. 회사나 개인이나 가장 대표적으로 선호하는 자산이 현금일 것이다. 일상생활에서 사용하는 현금의 의미는 지폐, 주화, 수표 등을 말한다. 상당히 폭이 좁은 의미의 순현금 개념을 사용하는 것에 비하여 재무상태표에서의 현금은 일상생활에서의 현금 개념, 즉 지폐, 동전, 수표 외에 은행 예금 중 보통예금, 당좌예금, 은행에서 액면가로 바로 전환 가능한 우편환 증서 등도 현금으로 인정한다.

또한 타인이 발행한 자기앞수표, 당좌수표도 현금으로 인정한다. 현금이면 현금이지 현금 및 현금성자산에서 현금성자산은 무엇일까? 현금성자산은 단기투자자산으로 취득일로부터 만기일 또는 상환 도래일이 3개월 이내인 자산을 말한다.

3개월 이내에 현금화할 수 있는 투자자산을 말하며 만기일이 3개월 이후 자산은 현금성자산이 아니다. 대다수의 회사가 경영에 실패하는 것은 현금 및 현금성자산의 부족으로 인한 결과이므로 현금 및 현금성자산에 대한 각별한 관리가 필요하다고 할 수 있다.

뒷장에 나올 내부통제도 현금 및 현금성자산에 대한 관리로 인하여 발생했다고 판단할 정도로 현금 및 현금성자산 관리는 회사에서 중요성을 아무리 강조해도 모자람이 없다고 생각한다. 현금은 사람으로 비유하면 사람 몸속에 흐르는 혈액과도 같다고 할 만큼 중요하니 회사에서는 현금 관리에 많은 노력을 해야 한다. 회사에서의 현금 관리가 어찌 보면 회사의 경영을 종합해서 나타내는 것이다.

회사가 설립될 때 현금은 보통 자본금 출자로 발생하게 된다. 회사를 설립하게 되면 자본금을 출자하게 되는데 xx 회사가 1억 원을 자본금으로 사업을 시작했다고 하면

차변) 현금 100,000,000

대변) 자본금 100,000,000

사업 개시를 위하여 현금 1억 원이 들어왔다면, 현금은 자산이고 1억 원이 입금되었다는 것은 현금이 증가했다는 의미이므로 자산의 증가이다. 앞에서 자산의 증가는 차변이라고 했으니 차변에 현금 1억 원을 적고 자본금의 증가는 대변이니, 대변에 자본금 1억 원을 적는다.

단기금융상품
정기예금, 정기적금 등과 같은 금융기관의 상품으로 결

산 보고 기간 말로부터 1년 이내 만기가 도래하는 것 중 현금성자산에 속하지 않은 금융상품이다. 현금성자산과 구별하는 큰 차이는 남은 만기일이 아니고 기준일인 취득일부터 만기가 3개월 이내 도래 여부를 가지고 현금성자산과 단기금융상품을 구별한다. 같은 정기예금이라도 3개월 만기 정기예금이라면 현금성자산으로 3개월 이상 1년 이내 만기 정기예금이라면 단기금융상품이다. 이 부분을 정확히 구분하는 것이 반드시 필요하지는 않다. 앞에서 이야기했듯이 오른쪽 주머니에 있든 왼쪽 주머니에 있든 회사 내부에 정기예금이 있다는 것만 정확히 아는 것이 더 중요하기 때문이다. 참고로 정기예금은 일정 금액을 한번에 은행에 맡기고 정해진 만기일에 원금에 더불어 사전 약정한 이자를 받는 금융 상품이고, 적금은 정기적으로 일정 금액을 정해진 기간 동안 불입하면서 만기일에 이자와 더불어 약정한 금액을 받는 금융 상품이다.

회사가 30,000,000원을 정기예금 3개월짜리에 가입했다고 한다면

차변) 단기금융상품 30,000,000

대변) 현금 30,000,000

단기금융상품은 자산이므로 신규 가입으로 인하여 단

기금융상품이 증가하였으므로 차변에 자산의 증가로 단기 금융상품을 기표하고 정기예금을 가입하기 위하여 현금은 줄었으니 자산의 감소로 대변에 표기한다. 즉 회사 전체로는 자산의 변화는 없는데 단기금융상품과 현금으로 변경된 것이다. 이런 내용이 앞에서 잠깐 이야기한 것처럼 왼쪽 주머니에 있는 것과 오른쪽 주머니에 있는 것의 차이가 회사로서는 큰 의미가 없다는 것이다. 최소한 왼쪽 주머니에 얼마, 오른쪽 주머니에 얼마를 안다는 것보다는 단기금융 상품이 무엇인지 얼마나 있는지 정도를 파악하는 것이 더 중요하다.

매출채권(외상매출금)

회사는 계약 등을 통하여 미래에 현금을 받기로 하고 제품을 판매하기도 한다. 한국뿐 아니라 선진국일수록 이런 신용 거래가 활성화되어 있다. 이때 매출은 발생했는데 현금 수금이 미래에 이루어질 때 사용하는 것을 매출채권(외상매출금)이라고 한다. 매출채권은 뒤에서 손익계산서 편에서 설명할 수익인식 시점에 외상매출금을 인식한다.

매출채권은 외상매출금과 받을 어음을 합해서 기표한다. 받을 어음은 대금 결제일에 현금 대신 지급일자와 금액이 표시된 어음을 매입처로부터 수령할 때 사용하는 계정이다. 요즘은 어음의 위변조, 연쇄부도 등 어음제도의 단점을 보완하기 위해 중간에 은행을 둔 새로운 어음제도로 전자채권을 활용하고 있다.

XX 회사가 ○○ 회사에 제품 50,000,000원을 매출하고 다음 달 10일에 전자채권을 받기로 했다(단, 부가세는 고려하지 않음).

차변) 외상매출금 50,000,000
    대변) 매출 50,000,000

외상매출금이라는 채권의 자산이 증가하였으므로 차변에 외상매출금 50,000,000원을 기표하고 매출은 수익의 발생이므로 대변에 50,000,000원을 기표한다. ○○ 회사는 매출 다음 달 10일에 외상매출금 50,000,000원을 60일 만기의 전자채권을 받았다.

차변) 받을 어음 50,000,000
    대변) 외상매출금 50,000,000

받을 어음도 채권이므로 자산의 증가로 차변에 기표하고 외상매출금이라는 자산의 감소이므로 대변에 기표한다. 비록 ○○ 회사가 전자채권 발행할 것을 미리 알고

있었다고 해서 처음 매출 발생 시점에

차변) 받을 어음 50,000,000

대변) 매출 50,000,000

으로 기표해서는 안 된다. 매출 발생 시점에는 아직 전 자채권을 받은 것이 아니기 때문이다. 회계는 발생주의라 고 하였으니 전자채권이 발행되었을 때 인식할 수 있는 것이다. 매출 발생 시에 전자채권을 받았다면 위의 기표 를 할 수 있으나 그런 경우는 거의 드물기 때문에 외상매 출금이라는 계정을 먼저 인식한 후에 받을 어음계정으로 변경하는 것이 올바른 채권 관리에도 맞다. 외상매출금은 수금이 지연되어도 매입한 00회사에 당장 어떤 직접적인 영향을 받는 경우가 많지 않지만 전자채권의 경우에는 지정된 만기일에 지급하지 않는 경우에는 00회사가 부도 처리된다는 차이가 있다.

그리고 전자채권에는 지급일 등이 표시되어 있어 회사 에서 관리할 때 어음 시스템이라는 별도의 관리 시스템 을 사용하는 것이 받을 어음 관리에 좋다. 매출채권의 확 정은 매출액 확정으로 마무리되는 것이지만 매출할인, 매 출에누리, 매출환입이라는 것이 발생하는 경우는 매출채 권에서 차감해 매출채권을 확정한다.

매출할인이라는 것은 현금 수금을 빨리하기 위하여 매출 후 일정 기한 내에 현금을 받는 경우 받을 매출채권에서 일부를 공제해 주는 것을 말한다. 그러니까 현금을 주기로 약정한 날보다 빠르게 수금을 위하여 금액을 더 깎아주는 것을 매출할인이라고 한다. 매출할인을 해주는 경우 매출액에서 매출할인만큼을 차감해 주고 매출채권도 그 금액만큼 차감하면 된다.

　통상은 매출에서 직접 차감하는 방식이 아닌 매출할인이라는 계정을 사용해서 매출액에서 차감하는 형식을 취한다. XX 회사는 ○○ 회사에 대하여 수금 약정일보다 30일 빨리 입금 조건으로 5,000,000원을 깎아주었다면

차변) 매출할인 5,000,000

　　　　　　대변) 외상매출금 5,000,000

　매출할인은 수익의 감소 항목이므로 차변에 기표한 후 매출액 집계 시 매출에서 차감하여 반영한다. 매출할인으로 인하여 외상매출금이 감소하며 이것은 자산의 감소이므로 대변에 기표한다. 매출에누리는 회사가 판매한 제품에 수량이 부족하거나 품질 등에 조금의 하자가 발생하여 고객에게 추가로 가격을 깎아주는 것이다. 매출에누리라는 계정으로 표시되고 매출에서 차감하는 것으로 재무

제표에 반영되며 동시에 매출채권에서도 차감한다.

에누리란 원래의 뜻은 가격을 높게 부르는 것을 말하거나 가격을 깎는 것을 말한다. 즉 누가 말하는 것이냐에 따라서 가격을 높게 올려 말하는 것이거나 깎는 것을 의미하나 매출자 입장에서 에누리는 가격을 높게 부르는 것을 말하며 매입자에게서 에누리는 가격을 깎는 것이 사전적 의미에서 맞는 말이다. 그러나 회계에서의 매출에누리는 가격을 깎아주는 것으로 사용한다. 매출에누리에 대한 기표는 매출할인과 같은 방법으로 한다. 매출할인과 매출에누리는 두 개 모두 최초 판매 가격에서 수금이나 제품의 하자 등으로 인하여 매출액을 차감하고 외상매출금을 차감하는 판매 이후 발생하는 계정이다.

건설업 등에서 사용하는 진행률 매출 인식을 하는 회사는 공사미수금 계정이라고 다른 업종에서는 사용하지 않는 계정을 사용하고 있다. 이런 공사미수금은 진행률에 따라 매출 인식을 하는 상대 계정이므로 외상매출금 계정과 같은 것이라고 인식하면 이해가 쉽다. 공사미수금은 진행률에 의하여 매출을 인식하는 회사에서 매출에 대한 상대 계정으로 사용한다. 단 공사미수금은 고객사에 의해 확정된 매출채권 금액이 아닌 건설사의 수익 인식 과정에서 발생하는 자체 채권으로 인식하면 된다.

고객사에 매출 세금계산서를 발행하게 되는 시점에 공

사미수금 대신 외상매출금 계정으로 전환되는 특징이 있다. 수익인식의 상대 계정이므로 매출채권으로 인식하여 반영한다.

미수금

미래에 현금으로 수금해야 할 채권 중 회사의 본래의 영업활동과 관계없는 거래에서 발생한 채권이다. 고정자산을 매각한 경우, 고철 등을 매각하는 경우 미수금 계정으로 처리한다. 미수금은 직원들 연말정산 시에 세무 당국과 직원들 사이 중간 원천징수자인 회사에서 발생하기도 한다.

예를 들어보자. XX 회사의 20XX년 연말정산을 하였다. 연말정산 결과 환급세액이 20,000,000원이 발생하였다면 회사는 직원들에게 먼저 20,000,000원을 주고 세무서에는 회사가 납부할 원천소득세에서 차감해야 한다. 세무서에선 환급세액을 환급해 주는 것이 아니라 앞으로 회사가 부담해야 할 원천소득세 납부에서 차감하도록 하고 있다.

따라서 회사 입장에서는 세무서에서 아직 돈이 입금이 되지 않았지만 직원들에게는 환급세액을 주어야 하는 거래가 발생한다.

차변) 미수금 (세무서) 20,000,000

대변) 현금 (직원들) 20,000,000

　미수금은 영업 외 거래로 발생하지만 회사가 받을 채권이므로 자산이다. 따라서 세무서로부터 받아야 할 거래가 발생하여 자산의 증가로 차변에 기표한다. 단 이때 미수금을 수금할 거래선은 관할 세무서로 하여야 한다. 대변에는 직원들에게는 연말정산 환급을 지급해야 하므로 현금이 감소하게 된다. 따라서 자산의 감소는 대변이므로 대변에 현금을 기표한다.

　많은 회사들이 매출 채권 등에 대한 관리는 잘 하고 있으나 미수금에 대한 관리는 조금 소홀히 하여 오랫동안 미수금 등을 정리하지 않고 그대로 방치하고 있는 경우를 실무에서 자주 보아왔다. 처음에는 그 금액이 크지 않아 무심코 관리하다 그 금액이 커지는 경우도 있었고, 회사 실무 부서나 회계 담당자들이 큰 관심을 가지고 있지 않아서 장기간 수금이 안 되는 경우도 많이 보아왔다.

　이렇게 관리 부실로 오래 기간이 지나고 나면 그 거래를 기억하는 사람들이 퇴사를 하거나 기억이 희미해지면서 그대로 부실 채권이 되어 회사에 손실이 반영되는 경우가 많으니 미수금도 하나의 채권이라는 마음가짐으로 세밀하게 관리하여야 한다.

단기대여금

현금을 다른 사람에게 빌려줄 때 사용하는 계정으로 만기일이 1년 이내에 도래하는 대여금이다. 대여금은 다른 사람에게 돈을 빌려준 것으로 채권이 형성되었으므로 자산이다. 즉 단기대여금이 발생했다는 것은 자산이 증가했다는 것이므로 차변에 기표하고 돈을 빌려주었으니 현금이 회사 밖으로 나갔으니 현금 감소이다. 현금은 자산이니 자산의 감소는 대변이다.

XX 회사는 ○○ 회사에 5,000,000원을 6개월간 빌려주었다.

차변) 단기대여금 5,000,000

대변) 현금 5,000,000

참고로 대여금이므로 자금을 빌려준 XX 회사는 외부에서 차입해 오는 평균 차입 이자율 이상의 이자를 수취해야 한다. 또한 이자를 수취 시에는 비영업대금의 이자에 대한 원천징수를 ○○ 회사가 실행한 후 세후 이자를 입금해야 한다.

미수수익

영업 외로 수익은 발생했지만 아직 현금 입금 시기가

도래하지 않은 것으로 주로 예금 이자에서 발생한다. 즉 보통 은행의 예금 이자는 3개월 후에 정산하는데 처음 2달은 이자가 입금되지 않았으므로 이때는 해당 월의 이자분을 미수수익으로 인식하는 것이다. 회계는 발생주의로 인식하게 되어 있어 이를 반영하기 위하여 미수수익 계정이 활용된다. 발생주의는 현금 입출금과 관계없이 해당 거래가 발생한 시점에 인식해서 회계 처리를 해야 하기 때문이다.

예를 들면 2월에 매출을 하고 3월에 입금이 된다고 하면 매출이 발생한 2월에 매출을 인식하는 것도 발생주의에 근간을 둔 회계 처리이다. 현금 입출 시기로 회계 처리를 하는 것은 현금주의라고 이미 앞에서 소개한 바 있다. 회계는 발생주의 원칙에 입각해서 회계 처리하게 되어 있어 실제 현금 입출금과는 차이가 발생한다.

즉 회사에서는 이자수익 중 입금되지 않은 부분을 미수수익으로 처리한다. 실제 현금의 입금이 이루어지지 않았으므로 아직 실현되지 않은 수익과 자산이 회사 재무제표에 표시되는 것이다. XX 회사는 4월 1일에 정기예금 10,000,000원을 연 3% 금리로 3개월 만기 상품에 가입하였다. 회사는 4월 말 마감을 하고 있다.

차변) 미수수익 25,000

　　　　　　　　　대변) 이자수익 25,000

10,000,000×0.03/12=25,000원

아직 받지 못한 이자이지만 받을 권리가 확정되었으므
로 미수수익이라는 자산 계정으로 차변에 기표하고, 발생
한 이자는 수익의 발생이므로 대변에 기표한다.

선급금

매입처에 대하여 상품 또는 원재료 등의 매입을 위하
여 또는 제품의 외주 가공을 위하여 미리 거래 금액의 일
부를 또는 전부를 지급할 때 사용하는 계정이다. 매입처
에 대한 신용 또는 거래의 확실성을 보장하기 위하여 선
급금 이행보증보험 등을 가입하기도 한다. 선급금은 재고
자산이 입고되거나 외주가공이 완료된 시점에 재고자산
이나 자산 계정으로 대체한다.

실무에서는 계약기간이 단기(1년 이내)인 경우 기계장
치, 공구 등 도입 관련 계약금도 선급금으로 처리하는 경
우도 있다. 선급금을 주기 위해서는 관련 근거라 할 수 있
는 계약서에 계약금 또는 선급금 관련 대금 조건이 포함
되어야 하며 선급금 세금계산서를 받아서 회계 처리한다.

아울러 매월 말 선급금 관리를 통하여 재고자산이나

비용 등으로 적정하게 대체되고 있는지도 관리하여야 한다. XX 회사는 ○○ 회사에 원재료 매입 관련하여 선급금 10,000,000원을 지급했다.

차변) 선급금 10,000,000

대변) 현금 10,000,000

선급금은 아직 재고자산이나 비용이 발생하지 않았지만 미리 지급했으므로 반대급부로 미래에 재고자산 등에 대한 청구권이 발생하므로 자산이다. 따라서 자산의 증가는 차변이므로 차변에 선급금을 기표하고 현금은 자산의 감소이므로 대변에 기표한다.

선급비용

회사는 일 년에 한 번씩 건물 기계장치 등에 대하여 화재 보험을 가입한다. 그리고 선진 기술을 이용하기 위하여 로열티 계약을 맺기도 하는데 로열티를 지급할 때 매출액에 따라 지급하는 런닝 로열티 외에 일정 금액을 먼저 지급하는 방식의 계약을 맺을 때도 있다. 이런 로열티를 선급기술료라고도 표시하는데 선급비용과 같은 성격의 계정으로 인식하면 된다.

이런 경우와 같이 비용은 먼저 지급이 이루어졌는데

그 효과는 한 달 이상 1년 내 비용 효과가 계속되는 것을 선급비용이라 한다. 지급했지만 기간이 도래하지 않은 비용으로 해당 기간 비용만큼 인식하면 되고 선급금과의 차이는 상대 계정이 자산성인지 비용성인지로 구분하면 된다. 비용이라면 선급비용이고 이외는 선급금으로 인식하면 된다.

또한 선급비용은 자산 계정이고 매월 해당 기간에 해당하는 비용을 반영하면서 일정액을 만기일까지 감소시켜 나가는 반면 선급금은 특정 시점에 본 계정으로 대체 시 조정하는 차이가 있다. 즉 선급금의 정리 시기가 일정하게 정해지지 않은 특징이 있지만 선급비용은 정해진 기간에 조정하는 차이가 있다.

XX 회사는 20xx년 4월에 30,000,000원에 화재 보험을 가입하였다.

차변) 선급비용 30,000,000

　　　　　　　　　　대변) 현금 30,000,000

20xx년 4월 말 분개

차변) 보험료 2,500,000

　　　　　　　　　　대변) 선급비용 2,500,000

선급비용은 성격이 선급금 처리와 같이 지불은 먼저

이루어졌는데 아직 기간이 되지 않아 비용으로 반영하지 않은 자산이므로 차변에 기표를 한다. 즉 선급금과 같이 미래에 회사에 효익을 가져올 것으로 기대되는 성격을 가지며 그래서 자산으로 인식하는 것이다. 물론 현금은 이제 자산의 감소로 대변에 기표한다는 것은 지금쯤은 다 이해했을 것이라 생각한다.

그러다 4월 말이 되어 4월 한 달분을 비용으로 인식하기 위해서는 보통 보험은 1년 계약, 즉 12개월 계약이므로 보험료 30,000,000원을 12개월로 나눈 2,500,000원을 보험료 계정에 입력한다. 보험료는 비용 계정이므로 비용의 발생은 차변에 기표하는 것이므로 차변에 보험료 2,500,000원을 기표하고 대변에는 이미 현금 지급이 이루어질 때 반영한 선급비용을 입력한다. 선급비용의 감소는 자산의 감소이므로 대변에 기표하는 것이다.

재고자산

재고자산은 기업이 가지고 있는 유형의 재산으로 판매나 생산 목적으로 보유하고 있는 자산을 말한다. 재고자산에 대하여는 뒷장의 원가 그리고 재고자산의 평가 부분에서 좀 더 자세히 살펴보겠다. 여기서는 재고자산의 개념 그리고 재고자산의 종류 등 기본적인 내용만 소개하도록 한다.

자산은 미래의 효익을 가져올 것으로 기대하는 재산이라고 정의한다고 앞에서 이야기했다. 그런 의미에서 본다면 재고자산이 가장 자산의 정의에 잘 맞는 자산이라 생각된다.

회사가 미래의 효익을 창출하기 위한 가장 기본적인 수단이 매출이라고 본다면 판매를 목적으로 가지고 있는 재고자산이야말로 자산의 대표적인 유형이다. 재고자산 종류로는 원재료, 재공품, 제품, 상품 등이 대표적이다.

- 원재료: 제품을 생산하기 위한 목적으로 외부에서 구입한 재화 중 생산에 투입하지 아니한 것.
- 재공품: 공장에서 생산 공정 중에 있는 물품으로 판매 가능한 상태로 되어 있는 반제품과는 차이가 있다. 재공품은 앞으로 더 가공해야만 제품이나 반제품이 될 수 있으므로 그대로 판매할 수 없다.
- 제품: 주된 영업에 관련된 것으로 판매를 목적으로 소유하고 있는 생산품.
- 상품: 판매를 목적으로 외부에서 구입한 완성품.

재고자산의 흐름은 마치 원가 계산 흐름과 같다. 뒷장에서 설명하겠지만 간단히 흐름을 먼저 소개하면 다음과 같다.

| 원재료 | ➡ | 재공품 | ➡ | 재공품 |

(원재료 투입)　　　　　　(재공품 투입)

회사가 판매 목적의 제품을 생산하려면 원재료를 매입한다. 매입한 원재료는 자재 창고에 보관하다 생산을 위해 생산 공정으로 투입하게 된다. 이때 생산 공정으로 투입될 때 재료비라는 계정으로 투입된다.

원재료는 재료비로 전환되어 노무비, 경비와 함께 제조경비로 분류되며, 이 비용은 총제조비용이라 하여 재고자산에 투입된다. 총제조비용은 제조 공정에 투입되어 완료된 반제품이나 제품을 제외한 금액이 재공품 재고가 되는 것이다.

마치 재고자산이 경비처럼 성격을 바꾸었다가 다시 재고자산으로 변하는 모양을 원재료는 취하게 된다. 반제품이나 제품이 앞 재고자산의 형태가 변하는 것과는 조금은 다른 모습이다.

XX 회사가 원재료를 10,000,000원을 현금으로 매입하여 제품을 생산하였다(다른 요소는 제외한 원재료 흐름만 있다고 가정한다).

차변) 원재료 10,000,000

　　　　　　　대변) 현금 10,000,000

　원재료라는 재고자산이 증가하였으므로 자산의 증가로
차변에 기표하며 현금은 자산의 감소이므로 대변에 기표
한다.

차변) 재료비 10,000,000

　　　　　　　대변) 원재료 10,000,000

　원재료 투입으로 인하여 원재료라는 재고자산은 감소
하였으므로 대변에 기표하고 재료비라는 비용이 발생하
였으므로 차변에 기표한다.

차변) 재공품 10,000,000

　　　　　　　대변) 재료비 10,000,000

　재료비가 생산 공정으로 투입되면 재공품이라는 재고
자산이 된다. 따라서 재공품 재고자산이 증가하므로 자산
의 증가로 차변에 기표하고 비용의 증가는 차변이나 비
용의 감소이므로 대변에 기표한다.

차변) 제품 10,000,000

　　　　　　대변) 재공품 10,000,000

　제품 재고자산이 증가하였으므로 차변에 기표하고 재공품 재고자산은 감소하였으므로 대변에 기표한다. 이 흐름을 보면 원재료가 재공품을 거쳐 제품으로 완성되는 흐름을 보여준다. 반면에 제품을 생산하지 않고 완제품을 매입하다 판매만 하는 업종이라면 재고자산에 대한 관리가 무척 쉽다. 판매 목적으로 매입하는 것은 상품이므로 회사는 재고자산 목록에 상품재고만 관리하면 된다.

　XX 회사가 판매를 목적으로 10,000,000원의 물건을 현금으로 매입하였다.

차변) 상품 10,000,000

　　　　　　대변) 현금 10,000,000

　즉 상품이라는 재고자산의 증가로 차변에 기표하고 현금이 지출되었으므로 자산의 감소로 대변에 기표한다. 이러한 재고자산의 분류는 회사의 영업 목적에 따라 다르게 분류된다. 예를 들어서 자동차를 만드는 회사에서는 자동차가 재고자산이지만 자동차를 매입한 일반 회사는 고정자산이다. 똑같은 자동차이지만 회사의 영업 목적에 따라서 재고자산이 되기도 하고 고정자산이 되기도 한다. 그러므로 회사의 정관에 기재된 목적 사업에 대한 내용을 정확히 파악하여야 한다.

② 비유동자산

고정자산

판매를 목적으로 하지 않으면서 1년 이상 장기적 사용으로 그 형태에 변화를 가져오지 않는 자산을 말한다. 여기에는 투자자산, 유형자산, 무형자산 등으로 구분된다. 실무에서는 통상 유형자산을 고정자산의 의미로 사용한다. 이런 고정자산의 인식 요건은 미래에 경제적 효익을 가져올 수 있어야 하면서 자산의 원가를 신뢰성 있게 측정할 수 있으면 고정자산으로 인식한다.

유형자산은 토지, 건물, 기계장치 등과 같이 형태가 있는 자산이며 통상 고정자산을 의미한다. 토지, 건물, 기계장치 등은 이해하기 쉽다. 그런데 몇 가지 내용은 혼란스러운 경우도 있다. 토지 위에 포장을 하거나 담장을 설치하는 경우는 토지로 보지 않고 별도의 구축물 계정으로 표시한다. 나무를 심는 경우도 토지 계정이 아니고 입목이라고 해서 토지와는 구분해서 관리한다. 건물과 구축물의 차이도 많은 사람들이 헷갈려 하는 내용인데 건물과 구축물의 차이는 벽과 지붕이 있는지로 구분하면 쉽다. 이러한 자산의 구분은 자산의 내용연수 기준이 달라 감가상각비 계상이 달라지기 때문에 회계법인이나 세무 당국 모두가 중요시하는 항목이라 할 수 있다. 이에 대하여 무형자산은 특허권, 상표권, 영업권 등과 같이 실체가 없는 자산이다.

고정자산을 이해하기 위해서는 자산의 종류, 취득원가, 내용연수, 감가상각 등을 이해해야 한다. 고정자산의 인식 요건에서도 신뢰성 있는 원가 측정이라고 했듯이 고정자산을 취득할 때의 원가를 올바르게 인식하는 것이 매우 중요하다. 보통 고정자산의 취득원가는 자산의 구매 가격, 취득세 등 세금, 운반비, 인허가비 등과 같이 자산을 사용하기 위한 준비를 하기까지 들어가는 모든 비용을 취득원가로 산정한다.

또한 유형의 고정자산 건설과 관련하여 차입금에 대하여 발생 이자는 고정자산의 취득원가에 포함하여 산정한다. 이를 건설자금이자라 한다. 즉 은행으로부터 돈을 빌려서 공장을 짓는 경우 발생한 이자에 대하여는 이자비용으로 보지 않고 자산의 취득원가로 가산한다는 의미이다. 이는 회계상의 관리보다는 세법상 관리 측면이 강한 취득원가 산정이다.

내용연수는 회사가 자산으로부터 얻을 수 있는 효용의

기간이다. 내용연수는 감가상각을 내용연수 기준으로 산정하기 때문에 매우 중요하고 그래서 세법에도 기준 내용연수를 별첨에 기재해 놓았다. 건물과 기계장치 그리고 비품 등이 각각 다른 내용연수를 적용한다. 회사 임의로 내용연수를 정할 수는 없다. 정해진 기준 내용연수를 가지고 그 범위 안에서 효과적인 기간을 선택할 수 있을 뿐이다.

감가상각은 자산이 사용되는 기간에 자산의 취득원가를 비용화 시키는 것이다. 즉 고정자산을 비용화 하는 과정이라고 생각하면 된다. 비용화 하는 계정을 감가상각비라 하고 이를 자산에서 바로 차감하는 것이 아니고 감가상각충당금이라는 계정을 사용한다. 감가상각비는 자산에서 바로 차감하는 방식이 아니고 재무상태표에 자산별 취득 금액 밑에 감가상각충당금 누계액으로 ()로 표시하며 취득가액에서 감가상각충당금누계액을 차감한 순액으로 표시한다.

이때 순액으로 표시된 금액을 장부가액이라 한다. 내용연수가 다 경과된 자산에 대하여는 잔존가액, 즉 장부가를 1,000원으로 자산을 관리한다. 회사의 장부가액은 고정자산의 매각, 폐기할 때 기준 금액으로서 중요한 의미를 가진다.

간단한 예를 들어보면

XX 회사는 7,200,000원의 기계를 현금으로 11월 1일에 구입하였다.

차변) 기계장치 7,200,000

    대변) 현금 7,200,000

기계장치는 자산의 증가이므로 차변에 기표하고 현금의 감소는 대변에 기표한다.

11월 말에 결산 마감을 하면 (6년 정액법 상각의 경우)

차변) 감가상각비 100,000

    대변) 감가상각충당금 100,000

감가상각비=7,200,000/6(년)/12(개월)=100,000원

감가상각비는 비용 계정이니 비용의 발생은 차변에 기표하는 것이므로 차변에 감가상각비를 기표하고 충당금은 부채 계정이므로 부채의 증가로 대변에 기표한다.

충당금은 미래에 지출될 것이 확실한 비용을 미리 재무상태표에 부채 항목으로 기재하는 계정과목이다. 즉 미래에 발생할 지출 비용의 발생이 당기에 이루어졌으므로 미리 재무상태표에 부채로 기표해 두는 계정이다.

감가상각충당금은 통상 재무상태표에 고정자산의 취득

금액 밑에 아래와 같이 표시된다. 단 K-IFRS에서는 충당금 누계액이 차감된 순액으로 표시된다.

기계장치 7,200,000
감가상각충당금 (100,000) 7,100,000

감가상각

자산의 취득원가를 비용화 하는 감가상각법에는 정액법, 정률법, 생산량비례법, 연수합계법, 이중체감법 등 여러 가지가 있다. 많은 상각 방법 중 가장 많이 상장 법인이 선택하고 있는 상각법은 정액법을 가장 많이 채택하고 있다. 그 외 정률법이 많이 사용되면 다른 상각 방법은 거의 사용하지 않는다.

이 책에서는 가장 많이 사용하는 정액법과 정률법에 대해서만 설명하기로 한다.

(정액법)

정액법은 내용연수 기간 동안 똑같은 금액을 비용화 하는 상각법이다. 감가상각비는 통상 월차 결산을 하는 회사는 매월 감가상각비를 계상하여 반영한다. 따라서 정액법은 감가상각 대상 금액을 내용연수로 나누고 그 금액을 12로 나누면 월할 상각비가 계상이 된다.

감가상각대상금액은 통상 고정자산 취득원가에서 잔존

가치 통상 1,000원을 뺀 금액이다. 1,000원은 비망 계정이라는 의미로 단지 상각 후에도 자산을 관리하기 위해서 마련해 주는 금액 의미이지 별다른 의미를 가지고 있지는 않다.

감가상각대상금액=고정자산 취득 금액-1,000원

이렇게 구한 감가상각대상금액을 해당 자산의 내용연수로 나누면 연간 상각비가 되고 그것을 12로 나누면 월할 상각비가 된다. 정액법은 계산하기 간단하고 이해하기 쉽지만 자산의 효능이 초기에는 좋고 뒤로 갈수록 저하되는 차이를 인식하지 못하고 또한 초기에 생산량이 많고 뒤로 갈수록 생산량이 떨어지는 제품에 대한 비용 인식에 적절하게 대응하지 못하는 단점이 있다.

정액법은 제품 수명 주기가 짧은 제품에는 적절하지 않다. 예를 들어 기계장치의 통상 내용연수는 6을 적용하는데 일부 IT 제품의 경우 6년간 시장에서 판매한다는 기대가 어렵고 또 매출이 초기에는 크게 발생하지만 시간이 지나면서 급격하게 감소하는 성격을 가지고 있는 제품을 생산하고 있는 회사에는 정액법이 올바르게 수익과 비용을 대응하는 것이라고 볼 수 없는 단점이 있다.

(정률법)

매년 기초장부금액에 일정률의 상각률을 곱하는 상각법이다. 내용연수별로 정해진 상각률을 곱하는 것으로 매년 균등한 정액법과는 달리 처음에는 많은 금액이 반영되고 기간이 경과할수록 감가상각비가 적게 반영된다.

제품의 수명 주기가 짧은 제품을 생산하는 기계를 예를 들어보자. 제품 수명 주기가 짧은 IT 제품이나 부품들은 초기에 생산량이 많고 시간이 지나면 새로운 신제품으로 인하여 기존 모델품에 대한 생산량이 감소한다.

따라서 정액법을 적용하면 처음에는 비용이 과소하게 반영되고 일정 기간이 경과한 이후에는 많은 감가상각비가 반영될 수 있다. 이런 제품에 대하여 정법을 적용한다면 정액법에서의 단점을 보완할 수 있다.

앞서 예를 든 XX 회사가 7,200,000원 기계장치를 내용연수 6년으로 감가상각을 한다면 정액법과 정률법으로 인한 감가상각비 차이는 아래와 같다.

	1년 차	2년 차	3년 차	4년 차	5년 차	6년 차
정액법	1,200,000	1,200,000	1,200,000	1,200,000	1,200,000	1,200,000
정률법	2,836,800	1,719,100	1,041,775	631,316	382,577	231,842

표에서 보는 바와 같이 정액법과 정률법의 6년간의 상각비를 비교해 보면 정액법은 3년 지나면 50% 상각이

이루어지지만 정률법은 3년이면 78% 정도 상각이 이루어진다. 즉 제품이 초기에 생산이 많이 이루어지는 특성을 가지고 있다면 정률법이 더 합리적인 감가상각 방법이다.

참고로 정률법의 6년 상각액을 더하면 7,200,000원의 5% 정도가 부족한 상각액이 반영되는데 그 차이는 마지막 해에 다 포함해서 감가상각에 반영해야 한다. 정률을 정할 때 그 당시에는 잔존가치를 5% 남기는 것을 기준으로 상각률이 정해졌기 때문이다.

비망 계정은 1,000원과 취득가액의 5% 중 적은 금액으로 하는데 통상 1,000원으로 하고 있다. 비망 계정을 두는 이유는 상각 완료된 자산을 계속 이용하는 경우 자산을 관리하기 위해서이다.

자산의 잔존가치라는 것은 자산의 내용연수가 다 끝난 자산을 통해 기대되는 현금의 가치를 말한다. 즉 상각이 완료된 후 그 자산을 고철로 매각하거나 다른 회사에 중고 자산으로 매각할 때 얻을 것으로 기대되는 현금 가치라는 것이다.

보통의 경우 내용연수가 완료된 자산을 매각하는 경우라면 회사의 잔존가치보다 높게 매각을 하게 되어 고정자산처분이익이 발생한다.

모든 자산을 1월에만 취득하는 것이 아니고 연도 중에도 취득을 할 수 있다. 이런 경우의 감가상각은 어떻게 할까? 10월에 취득한 자산이라도 그해에 1년 치를 다 상각해야 한다면 비용이 과다 계상되는 불합리한 일이 생긴다. 따라서 보통은 월할 상각 방법을 적용한다.

즉 취득 시점으로부터 1년 치 감가상각비를 구한 후 그 금액을 12개월로 나누어 월 상각비를 구하는 것이다. 중고 자산을 취득하는 경우에는 내용연수가 50% 이상 경과한 중고 자산을 취득하는 경우 기준 연수의 100분의 50에 상당하는 연수와 기준 내용연수 중 하나를 택해서 내용연수로 할 수 있다. 따라서 회사의 전체적인 상황을 고려해서 회사가 유리한 방향으로 내용연수를 적용하면 된다. 만일 회사가 토지와 건물을 일괄 매입하면서 거래 금액은 토지와 건물을 구분한 금액이 아닌 합친 거래 금액으로 매입을 하였다면 토지와 건물의 매입 금액은 어떻게 구분할까? 이럴 경우라면 토지와 건물의 공정가치 (감정평가액) 기준으로 취득 금액을 배분한다.

예를 들어서 토지와 건물을 합쳐서 500,000,000원에 매입하였는데 토지의 공정가치는 300,000,000원이고 건물이 100,000,000원이라면 토지 취득 금액=500,000,000×(300,000,000/400,000,000)=375,000,000원 즉, 토지의 취득 금액은 375,000,000원이고 건물은 125,000,000원이다.

이 구분이 중요한 이유는 감가상각 대상액이 달라져서 감가상각비 차이가 발생하고 세법상으로는 부가가치 세법상의 매입세액의 적용에 차이가 발생한다.

건물 매입분에 대한 부가세 매입세액은 공제 가능 금액이므로 매입세액을 부가세 신고 시 환급받을 수 있다.

만일 임대한 사무실을 인테리어 하는 비용이 발생하는 경우 비록 임대한 자산이라 하더라도 추가로 발생한 인테리어 비용은 자산으로 처리하여야 하며 감가상각을 실시해야 한다. 자산을 사용하다 보면 수리를 하는 경우와 성능 향상을 목적으로 지출을 하는 경우가 발생한다.

회계에서는 이를 자본적 지출과 수익적 지출이라고 구분한다. 자본적 지출은 자산의 성능을 향상시키거나 내용연수를 증가시키는 효과가 발생하는 것으로 그 자산에 그 금액을 추가하여 남은 내용연수에 감가상각을 하는 지출이다.

이에 비하여 수익적 지출은 단순한 원상복구 수준의 수선비가 발생하는 경우 당기의 비용으로 처리한다. 어떤 기계 설비가 고장이 나서 그 부품을 교체하게 되거나 건물 외벽 페인트를 일정 기간 지나면 주기적으로 다시 칠하는 것 등은 본래의 자산 가치를 높여주거나 내용연수를 늘리는 것이 아니므로 수선비로 처리하여 당기 비용으로 인식한다. 즉 자본적 지출은 자산에 더해지는 성격이고 수익적 지출은 당기 비용으로 인식하는 것이다. 이 두 가지의 판단 기준은 실제 실무에서는 적용하기가 조금 애매한 경우가 많다.

특히 주의해야 하는 것은 건물이나 구축물 그리고 차량 등은 자본적 지출 발생 시 취득세 등이 발생하므로 이 구분이 애매하다고 소홀히 하게 되면 추후에 세무적인 위험이 발생할 수 있다. 자산을 취득하고 그 자산을 감가상각을 통하여 그 자산의 내용연수 기간 동안 비용으로 반영하는 부분까지 살펴보았다.

이제는 이런 자산에 대하여 효용이 다하거나 경영상의 목적으로 자산을 폐기하거나 매각하는 것에 대하여 살펴보자. 유형자산을 계속 사용하다 보면 너무 오래되어 폐기해야 하거나 신기술의 발달로 새로운 기계를 매입하게 되어 기존 기계장치를 못 쓰게 되면 자산을 폐기하게 된다.

자산의 폐기라는 말은 고정자산 대장에서 삭제한다는 의미이다. 장부에서 폐기했다는 의미는 더 이상 자산으로서 존재하는 것이 아닌 고철의 의미를 가진다고 볼 수 있다. 또는 장부에서 폐기는 하였지만 혹시 다른 사업에 사용할지도 몰라서 본래의 형태대로 관리하고 싶다면 부외자산 관리대장을 만들어서 관리를 하는 방법도 있다.

부외자산이 아닌 폐기를 하는 경우의 예를 들어보자. XX 회사는 취득가액 7,200,000원 기계장치를 내용연수가 경과되어 폐기처리하였다.

차변) 감가상각충당금 7,199,000
　　　고정자산폐기손실 1,000

　　　　　　　　　　대변) 기계장치 7,200,000

　　차변에는 상각비의 상대 계정이 있던 감가상각충당금 부채 계정의 감소이므로 차변에 기표하고 손실의 발생은 차변이므로 차변에 잔존가액을 표기하고, 기계장치라는 자산을 폐기해서 감소하는 것이므로 대변에 기계장치를 기표한다. 고정자산 매각은 보통은 내용연수가 남아 있는 경우가 많다. 고정자산 매각은 거래 금액에 따라 고정자산 처분이익 또는 처분손실이 발생한다. 회사에서 가격을 결정할 때 기준 가격은 장부가격, 즉 회사의 잔존가액을 기준으로 잔존가액보다 높게 매각하게 되면 이익으로 처리된다. 그러나 잔존가액 대비 시장 가격이 낮은 경우는 처분 손실이 발생한다. XX 회사는 취득가액 7,200,000원의 기계장치를 3,000,000원에 매각하였다. 감가상각충당금 누계액은 5,000,000원이다(세금은 고려하지 않음).

차변) 감가상각충당금 5,000,000
　　　현금 3,000,000

　　　　　　　　　　대변) 기계장치 7,200,000
　　　　　　　　　　　　　고정자산처분이익 800,000

　　폐기하는 경우와 마찬가지로 매각 전까지의 감가상각

비를 반영한 감가상각충당금을 차변에 기표하고 자산인 기계장치의 매각으로 인한 감소이므로 대변에 기표한다. 매각 대금인 현금은 자산의 증가이므로 차변에 기표하고 차액을 고정자산처분이익으로 기표한다. 만일 감가상각충당금과 매각 대금을 합친 금액이 기계장치 취득가액보다 작은 경우에는 고정자산처분손실로 차변에 기표한다.

흔하지는 않지만 기존에 사용하던 유형자산이 효용이 떨어졌거나 다른 새로운 기계로의 교체를 하게 되어 기존에 사용하던 자산과 현금을 더해서 새로운 자산을 취득하게 되는 경우의 회계 처리는 어찌 보면 고정자산의 폐기 처리 회계와 자산 취득 회계가 동시에 발생한다고 생각하면 된다.

XX 회사는 5,000,000원 취득가액의 자산을 6,000,000원의 기계장치와 교환 조건으로 구매하고자 한다. 회사는 기존 자산과 현금 2,000,000원을 주고 기계장치를 취득하였으며 기존 자산의 감가상각누계액은 1,000,000원이다.

차변) 감가상각충당금 1,000,000
　　　기계장치 6,000,000

　　　　　　　　　　　대변) 기계장치 5,000,000
　　　　　　　　　　　　　　현금 2,000,000

기존 자산의 감가상각충당금은 폐기 분개와 동일하게

차변에 기표하고 기존 자산의 취득가액 5,000,000원을 기표한다. 새로운 기계장치의 취득이므로 자산의 증가로 차변에 새로운 자산의 취득가액 6,000,000원을 기표한다. 추가로 현금 2,000,000원을 지급하였으므로 자산의 감소로 대변에 2,000,000원을 기표하면 된다. 즉 결과는 신규 자산 6,000,000원이 증가하였고 기존 자산 5,000,000원의 취득가액과 그 자산의 감가상각충당금은 장부에서 제거되는 분개가 된다.

보통의 회사들은 고정자산 관리대장을 만들어서 회사의 고정자산을 관리하고 있다. 그러나 실제 많은 회사에서는 고정자산 관리대장을 담당자만 집계하고 관리하고 있는 경우가 많다. 특히나 현업에서 실제 설비를 관리하고 사용하는 부서에 있는 실무진들은 자산 관리는 자기들과는 무관하다는 생각으로 관리에 대한 관심을 덜 가지고 있는 경우가 많은데 이는 잘못된 생각이다.

고정자산 특히 생산설비에 대한 관리는 현업에서 사용하는 부서가 실제 관리를 담당하는 것이 맞고 자산의 부서 간 이동을 하거나 사업장 이동을 하는 경우에 전체의 자산 관리는 회사 자산 통제 부서인 회계 부문에서 하는 것이 맞다. 즉 어찌 보면 자산 취득부터 매각이나 폐기까지의 서류상의 처리는 회계 부문에서 할 수 있으나 실제 자산의 매각이나 폐기 결정, 또는 부서 사업장 간 이동에 대한 전체적인 관리는 현업 부서에서 하는 것이 자산 관리에 맞는다는 것이다.

따라서 현업 부서에서도 고정자산 관리대장을 회계 부서와 공유하면서 서로 협의하여 자산을 관리한다면 회사의 고정자산 관리가 더욱 효율적이 될 것이다. 특히 ERP 도입을 한 회사의 경우에는 관심이 있는 의사 결정권자라면 누구나 고정자산 관리대장이나 감가상각 명세 리스트를 항상 볼 수 있기 때문에 회사의 고정자산 상태를 알 수 있게 되어 있다.

회사의 고정자산 관리대장을 보면서 현재 회사의 자산 상태를 누구에게 묻지 않아도 알 수 있을 것이다. 이뿐만 아니라 회계 담당자의 감가상각 적용 오류나 자산의 잘못된 구분 등에 대해서도 의사 결정권자가 찾아낼 수도 있을 것이다. 의사 결정권자가 그런 것을 지적하거나 알고 있다면 회계 담당자들이 업무에 대한 집중과 긴장이 높아지는 효과도 기대할 수가 있다.

참고로 기계장치 등의 생산설비를 취득할 때 자산을 어떠한 형태로 구분을 해서 관리를 할 것인지를 회사에서는 판단하여야 하는데 이런 판단은 회계 부서가 아닌 현업 부서가 판단하는 것이 더 정확하다. 즉 특정 설비를 취득할 때 그 설비에 여러 가지 독립적인 설비가 결합하여 하나의 생산설비가 된다고 할 때 회사에서는 이것을 하나의 설비로 보고 관리할 것인지 아니면 하나하나의 독립 설비로 각각 관리할 것인지를 판단을 내려서 회사 기준을 마련하여 관리하여야 한다.

회사의 기계설비에 대한 기술 축적으로 설비에 대한 많은 개조가 가능하거나 용도 변경이 가능한 회사의 자산 관리는 조금 더 관심을 가지고 관리하여야 한다. 기존 설비를 다른 용도로 전환하기 위한 개조를 하는 경우에는 기존 설비의 제품 원가가 아니고 새로운 제품에 대한 원가에 적용되어야 하므로 전환 시점의 미상각 잔액에 새로이 투입된 금액을 합하여 원가를 계산하여야 하는데 이때 내용연수의 적용은 중고자산의 내용연수 기준을 참조하여 적용하면 된다.

이렇게 설비의 개조에 대한 활동이 많은 회사일수록 자산의 관리가 중요하다. 회사의 경영 의사 결정에 개별 제품에 대한 손익구조로 그 제품을 계속 생산할 것인지 제품 생산을 중단할 것인지를 결정하는데 그때 합리적인 개별 원가를 가지고 판단의 근거로 삼아야 하기 때문이다. 감가상각비에 대한 올바른 적용은 개별 원가를 합리적으로 산정하는 데 필요하고 또한 새로운 제품에 대한 견적을 산출할 때에도 추가 투자되는 금액만으로 견적 계산을 하는 것은 견적을 과소하게 내게 되어 실제 원가 계산 시 견적 원가보다 높은 원가가 나와 예상과는 다른 손익 결과의 원인이 될 수도 있으니 자산관리는 관계자 모두가 관리에 집중하여야 한다.

사업용 생산설비 중 사업의 단종이나 생산활동에서 제외되어 앞으로의 사용 계획이 없는 자산은 사업무관자산으로 관리하도록 하며 이때 이런 사업무관자산은 감가상각을 하지 않고 관리한다.

③ 무형자산

무형자산은 말 그대로 물리적 실체가 없는 것으로 현재나 미래에 이익을 발생시키는 특별한 권리이다. 특허권, 상표권과 같은 지적재산권이나 영업권 등이 무형자산의 대표적인 예다. 무형자산으로 인식하려면 경제적 효익 등도 있어야 하지만 외부의 제3자부터 접근을 통제할 수 있어야 한다.

회사 자산이란 것은 남이 접근할 수 없는 것이어야 하지 그렇지 않은 자산은 회사 자산이 아니고 사회 공용자산이라 할 수 있다. 무형자산의 취득원가는 유형자산과 마찬가지로 그 자산을 이용할 수 있을 때까지 발생한 모든 비용을 취득원가로 계산한다.

무형자산도 유형자산과 같이 비용화시키는 상각 작업을 한다. 무형자산의 내용연수는 특허권, 상표권 등에 따라 법으로 정해진 내용연수가 있다. 세법에서는 무형자산의 내용연수는 특허권은 7년, 상표권은 5년 등으로 정해져 있다. 무형자산의 감가상각 방법도 앞서 언급한 유형자산의 감가상각 방법 등을 적용할 수 있으나 소비되는 형태를 신뢰성 있게 결정할 수 없는 경우는 정액법을 적용한다. 거의 대부분의 회사들은 무형자산의 상각은 정액법을 적용하고 있다. 무형자산과 유형자산 감가상각 계산의 큰 차이는 잔존가치이다. 유형자산은 자산 취득가액에서 잔존가치를 차감한 금액을 감가상각 대상 금액으로 하여 감가상각을 하는 것에 비하여 무형자산은 잔존가치를 "0"으로 하여 취득가액 전부를 감가상각 대상 금액으로 하여 상각을 한다.

감가상각의 장부 반영 방법도 유형자산은 감가상각충당금 계정을 사용해서 유형자산의 취득원가와 감가상각충당금을 같이 기표한 것과 달리 무형자산은 자산의 취득가액에서 직접 차감하는 방법으로 적용한다. 즉 매년 재무상태표의 무형자산의 장부가액은 상각액이 취득가액에서 차감된 금액이다.

영업권이라는 무형자산은 조금 더 알아보아야 한다. 다른 무형자산과는 조금은 다른 특징이 있기 때문이다. 영업권은 자산을 취득할 때 순자산의 시장가액을 초과하는 금액을 영업권이라고 한다. 영업권은 다른 회사로부터 사업을 매입하는 경우 발생한다. 통상 사업부나 회사를

M&A 하는 경우 매입하고자 하는 사업부 또는 회사의 순자산 시장가치보다 실제 매입 금액이 큰 경우에 발생한다. 흔한 말로 권리금이라는 것이 영업권의 한 유형이라고 볼 수 있고 그리 이해하면 영업권을 이해하는 데 더 쉬울 듯싶다. 영업권이 발생하는 주된 이유는 아주 유명한 명성을 가지고 있거나 아주 좋은 위치에 있거나 경쟁력 있는 우수한 제품을 가지고 있는 경우 영업권이 발생한다.

즉 자산의 시장가치보다 더 높은 가치가 있다고 인정되는 경우에 자산가치보다 더 높은 금액을 주고 매입한다. 이때 영업권이 발생한다고 생각하면 된다. 이런 영업권에 대한 적정성에 대하여는 추후 세무적으로도 초과 매입 금액의 적정성에 대한 소명을 하여야 하는 경우가 있다. 제3의 감정 기관에 의한 평가 방법 등도 이런 객관성을 증명하는 데 도움이 될 수 있다. 특허권 등록은 연구개발 부서에서 중점 관리를 하지만 회계에서는 특허권을 자산으로 관리하기 때문에 취득원가나 감가상각 등을 관리하여야 한다. 특허권 취득원가는 특허를 취득하기 위해 발생한 모든 경비의 개발비용을 포함하는데 특허 수수료 등의 출원 비용을 다 포함하여야 한다. 특허권도 자산이므로 매각이 가능하며 매각 시 유형자산 매각의 경우와 같이 회사 잔존가액보다 높은 매각금액이면 처분이익이 작으면 처분 손실이 발생한다.

특허권 매각은 기술을 매각하는 것이므로 신중한 결정이 필요한 것은 당연한 것이다. 회사가 기술을 개발하기 위한 활동을 하면서 발생하는 비용이 연구비와 개발비이다. 예전에는 연구개발비를 무형자산으로 관리하게 하였으나 기준이 변경되어 연구비와 개발비를 구분하여 관리하고 있다. 회계 기준서에는 명확한 기준이 나와 있으나 실제 현업에서 적용하기는 매우 어려운 것이 개발비와 연구비 구분이다.

연구비와 개발비에 대한 정의부터 살펴보면

- 연구비: 새로운 과학적·기술적 지식이나 이해를 얻기 위해 수행하는 독창적이고 계획적인 탐구활동에 들어가는 비용.
- 개발비: 새로운 제품, 용역, 기술을 창조 개발하기 위하여 수행한 연구 조사활동에 들어가는 비용.

개발비와 연구비의 구분은 미래에 수익성이 있는가에 따라 구분하게 된다. 연구비로 구분하면 당기 비용으로 인식하는 것이고 개발비로 구분하면 무형자산이 되어 감가상각을 통한 내용연수에 따른 비용으로 인식된다. 따라서 이익을 중시하는 회사라면 개발비로 처리하는 것이 유리하고 이익이 많이 나는 회사이거나 회사의 건실성에 더 중점을 두는 회사라면 당기 비용인 연구비로 처리하는 것에 더 중점을 둘 것이다.

문제는 이런 구분이 회사 임의대로 할 수 있는 것이 아니라 외부 회계법인 감사인의 인정이 필요한데 회계법 인들은 가급적 당기 비용으로 반영하는 것을 더 선호하는 경향이 있다. 그러다 보니 실무에서는 개발비로 처리하는 것이 무척이나 어렵다. 미래 경제적 수익성이 있다는 것을 회사가 객관적으로 증명해야 하는데 연구 개발 단계에 있는 것을 가지고 미래에 경제적 수익창출이 이루어진다는 객관적 자료를 만들기가 어렵기 때문이다.

예전에는 연구비와 개발비를 하나로 묶어서 무형자산 처리가 좀 더 수월한 시기가 있었다. 그러나 재무제표의 건전성과 자산성에 대한 기준이 강화되면서 연구비와 개발비로 구분이 되었다. 이런 구분으로 인하여 실무에서는 외부 감사인과 적용 기준의 차이를 두고 많은 논쟁을 유발시키는 대표적인 회계 기준이다.

회사에서는 가급적 보수적인 관점과 세무적인 효과를 고려하면 자산 성격인 개발비보다는 당기 비용인 연구비로 비용 처리하는 것이 더 효과적이지 않을까 생각한다.

나. 부채

부채는 미래에 외부자에게 지불해야 할 의무가 있는 것이다. 앞에서 아파트 대출금이나 자동차 할부금은 다 미래에 은행이나 자동차 금융회사에 지불해야 할 채무이다. 부채는 미래에 지불할 금액이 확정되어 있는 부채와 지급해야 할 의무는 확정이나 금액이 미확정된 추정 부채가 있다.

부채를 이해할 때 회사 경영 상태가 아주 양호하다면 비유동부채가 매우 작을 것이다. 경영 상태가 좋다면 회사의 영업이익으로 운영자금을 충분히 충당할 수 있기 때문이다. 물론 회사가 정말 경영 상태가 좋아 추가적인 생산설비 등에 대한 대규모 투자가 이루어져야 한다면 부채가 일시적으로 증가할 수도 있다. 따라서 부채가 증가한 회사에 대하여는 그 회사의 보유 현금과 생산설비 등에 대한 증가액을 본다면 회사가 부채가 어찌해서 증가했는지를 이해할 수 있다고 생각한다.

부채가 단순히 외부인에게 지급해야 할 의무만을 표시하는 것이 아닌 이렇듯 회사의 경영정보를 제공하기도 한다는 것을 알고 부채 내용을 보면 회사의 재무 상황을 더 잘 알 수 있다.

부채도 자산과 같이 유동성 기준에 따라서 유동부채와 비유동부채로 구분하여 표기한다. 부채는 자산을 이해하고 있으면 훨씬 쉽게 이해할 수 있는 특징이 있는데 그 이유는 어느 회사가 매출처이면 거래 상대방 회사는 매입처이기에 동일한 거래에 대하여 상대적으로 표기하는 방식이기 때문에 자산을 이해한다면 부채도 이해하기 쉽다는 것이다.

어느 회사에서 원재료 등을 매입하는 부서를 구매팀이라 하고 매출을 담당하는 부서를 영업팀이라고 하면, 영업팀 담당자가 만나는 사람은 상대 회사의 구매팀인 것이다. 그러므로 동일한 거래에 대하여 매출처와 매입처 각각의 입장에서 정리하게 되므로 재무상태표의 채권에 대한 상대 개념으로 채무를 이해한다면 부채를 이해하는 데 많은 도움이 되리라 생각한다. 물건을 파는 사람의 상대방은 물건을 사는 사람이기 때문이다.

① 유동부채

외상매입금

회사가 생산이나 영업을 목적으로 원재료나 완제품 등을 매입하는 경우 현금으로 결제할 수도 있으나 실제 실무에서는 계약서 등을 통한 신용 거래 방식으로 미래에 대금을 지불하는 거래 유형이 대부분이다.

납품한 회사는 매출과 동시에 현금을 아직 못 받았으므로 외상매출금 계정을 사용한다고 외상매출금 소개할 때 이야기했다. 그렇다면 매입처 입장에서는 외상매출금 반대 개념으로 돈을 아직 지급하지 않았으니 그게 바로 외상매입금이다.

외상매입금과 미지급금의 차이를 혼란스럽게 생각하는

데 이는 외상매출금과 미수금의 관계와도 같다. 즉 재고자산 관련한 매출이나 매입이면 외상매출금이나 외상매입금을 사용하고 경비나 기타 고정자산 관련 매각이나 취득은 미수금이나 미지급금으로 분류하면 된다.

만일 수출입으로 인한 거래가 있어 발생한 외화 외상매입금이 있는 경우에는 무역 조건에 명시된 채권·채무 확정일에 기준 환율을 적용하여 원화 금액으로 환산하여 외화 외상매입금을 설정한다. 그 이후 결산일에 외화 자산 및 부채에 대한 평가작업을 통해 재무제표 기준일의 최초 기준환율로 평가하여 외화 외상매입금을 확정한다. 평가로 인한 환율 차이는 외화 환산손실 또는 외화 환산이익으로 표시하며 이는 일시적인 평가로 최종 거래가 확정되면 외환차익 또는 외환손실로 대체 표기된다.

○○ 회사는 원재료 50,000,000원을 매입하면서 대금은 한 달 후 30일 현금으로 지급한다.

차변) 원재료 50,000,000

　　　　　　　　대변) 외상매입금 50,000,000

30일 후
차변) 외상매입금 50,000,000

　　　　　　　　대변) 현금 50,000,000

외상매입금 발생은 부채의 증가이므로 대변에 기표하

고 원재료는 자산이므로 자산의 증가로 차변에 기표한다. 이때 외상매입금을 현금으로 지급하기도 하지만 실제 실무에서는 예금이나 바로 다음에 설명할 어음을 발행하여 지급하기도 한다.

지급어음

부채를 결제할 때 현금으로 하기도 하지만 지급일과 금액이 적혀 있는 어음을 발행하여 지급하기도 한다. 지급어음 역시 자산의 받을 어음의 반대라고 이해하면 된다. 매입 업체에서 지급어음을 발행한 경우 어음을 수령한 회사에는 받을 어음이기 때문이다. 그런 어음이 예전에는 회사가 자체 어음 발행 시스템을 통하여 어음을 종이로 발행해서 지급하였다. 어음 발행일이 다가오면 여직원이 어음 발행기기 앞에서 몇 시간을 매달려서 발행하고 발행한 내용을 다시 확인하고 또 발행대장을 따로 출력해서 업체나 은행에서 발행어음 내역을 확인해 오면 하나하나 어음 번호를 확인하여 주는 것도 하나의 일이었던 시절이 있었다. 그러나 요즘은 은행과 협약을 통해 전자 어음 방식을 이용한다.

지급어음은 외상매입금이나 미지급금 등 거래가 마감이 되면 약속한 어음 발행일에 매입 회사에서 발행하여 지급한다. 발행된 어음에 표기된 만기 일자에 대금을 지급받는다. 이때 어음을 받은 회사는 만기일 전에 은행을 통하여 어음 대금을 회수할 수 있는데 이를 어음 할인이라고 한다.

부도라는 것은 어음 만기일에 어음 대금을 결제하지 못하는 것을 말한다. 따라서 어음을 발행한 회사는 어음 관리에 적극 신경을 써야 한다. 회사에 자금이 있다 해도 어음 관리를 소홀히 해서 만기일에 대금을 지불 못 한다면 부도로 처리되는 것이고 그런 일이 실수라 하더라도 회사에 대한 이미지는 엄청난 피해를 볼 수 있으므로 어음 발행과 만기일 관리에 노력을 해야 한다.

보통 회사들은 한 달 마감에 대한 결제를 거래처별 합계 금액으로 하는데 이 합계 금액 기준으로 어음 발행 대상인지 아니면 현금 결제 대상인지를 구분하여 결제일에 지급한다. 따라서 회사에서는 지급 결제 기준에 대한 기준을 마련한 후 거래 계약 당시 거래처와의 결제 방식에 대한 설명을 해 상호 간의 오해가 없도록 하여야 한다.

관리를 잘 하는 회사들은 채무 금액 중 매입채무 금액에 대하여 자세히 관리를 하는 회사가 있는데 이때 매입채무에는 외상매입금과 아울러 지급어음 금액을 포함하여야 하는데 지급어음에는 매입채무인 외상매입금만 포함된 것이 아닌 미지급금도 포함되어 있으므로 미지급금을 제외한 금액을 매입채무로 관리하여야만 올바른 매입

채무 금액을 관리할 수 있다.

미지급금

외상매입금이 재고자산의 매입 관련한 거래에 사용한다면 일반 경비나 고정자산 취득 등의 활동에 대한 거래에 사용하는 계정으로 매입채무에는 포함하지 않는다. 회사에서는 미지급 관련 내용이 많고 복잡하여 미지급금 계정을 세분화하여 관리하는 것이 실수를 방지하는 데 효과가 있다.

모든 기타 채무에 대한 지급기준이 모두 동일하다거나 현금으로 결제를 바로 진행한다면 결제에 대한 실수가 발생할 확률이 적겠으나 보통의 회사들은 결제일이 정해져 있으며 또한 각각의 거래에 대한 결제일이 다르기에 미지급금을 각 거래 성격에 따라 세분화하여 관리하는 것이 효과적이라는 것이다.

예를 들어서 회사 법인카드 사용을 하거나 법인세를 납부하거나 아니면 전기 요금, 국민연금이나 의료보험 등을 납부하는 결제일이 다 다르므로 이것을 하나로 묶어 관리하는 것보다는 세분화하여 미지급 법인세, 또는 미지급 법인카드 등과 같이 세분화하여 관리하는 것을 추천하고 싶다.

물론 세분화하여 관리하여도 재무상태표에는 합해진

미지급금 금액으로 표기된다. 통상 미지급 법인세에 대하여만 독립된 상태로 표시하고 다른 미지급금은 하나의 계정으로 재무상태표에 표시되니 내부적 관리 목적으로 구분하는 것을 추천하는 것이다.

회사에서는 지급 결제 기준에 의하여 결제일이 정해져 있는데 가끔은 현업 부서에서 일을 하면서 거래에 조건 협의 시 결제일을 회사 기준일과 다르게 정하고자 할 때가 있는데 이런 경우에는 꼭 대표이사나 자금 총괄부서장의 결재를 득한 후 그 사안에 대하여만 적용할 수 있게 관리하여야 한다.

사채

보통 일상생활에서 사채라고 하면 금융기관이 아닌 곳에서 돈을 빌리는 것을 사채(私債)라고 말한다. 그러나 회계에서의 사채(社債)는 회사채의 의미로 주식회사가 일반 대중에게 자금을 모집하려고 집단적·대량적으로 발행하는 채권을 말한다. 대부업에서 빌리는 사채는 私債이고 회계에서 말하는 사채는 社債이다. 영어로는 Corporate Bond 라고 하여 약자로는 CB라고도 한다.

영어 약자로 CB라 하면 흔히 금융시장에서 이야기하는 전환사채(CB: Convertible Bond)와 약자가 같이 사용되어 혼란이 생길 수 있으나 두 개의 차이를 구분해서 이해하여야 한다. 이 장에서 사채는 회사채인 社債를 말한다. 사채는 이 증권만 가지고 있으면 누구라도 권리를 행사할 수 있도록 법적인 제도가 마련되어 있어서 주식과 더불어 증권시장에서 활발히 매매된다.

주식과 사채를 간단히 장단점을 비교하면 주식은 원금을 갚을 의무도 없고 배당도 반드시 해야 할 필요는 없는 장점이 있지만 주가가 높지 않으면 잘 팔리지 않고 경영권 방어를 위해서 대주주가 자기 몫을 인수할 자금을 마련해야 하는 단점이 있다. 대주주의 지분이 낮아지면 회사는 외부의 영향으로부터 자유롭지 못하고 경영권 독립 훼손으로 장기적인 경영 계획 마련에 장애가 될 수 있기 때문이다.

이에 비하여 사채는 이자만 제때 갚으면 주가에 영향을 받지 않아도 되고 지배 주주가 주식 인수에 필요한 자금을 마련할 필요도 없고, 만기 상환 시에도 사채를 재발행해서 상환할 수도 있으므로 자금적인 부담도 크지 않은 장점이 있다. 이런 장점을 가지고 있어 많은 회사들이 사채를 발행하여 자금을 유치하는 방법을 많이 사용하고 있다.

그러나 무분별한 사채의 발행은 회사에 대한 이자 부담 증가 및 그에 따른 재무상태표상의 부채 증가로 인한 회사 재무상태 건전성에 대한 외부의 의구심을 만들 수 있다는 것도 알아 두어야 한다. 사채 발행 관련해서는 액면가액, 액면이자율, 시장이자율, 유효이자율, 미래가치, 현재가치, 사채 할증(할인) 발행, 사채발행비 등에 대한 용어를 이해해야 한다. 사채에서 액면이라는 의미는 채권에 표시되어 있다는 의미이다.

용어를 하나씩 먼저 살펴보자. 액면가액은 채권에 적힌 사채 발행 금액이다. 사채 발행 금액이라고 해서 이 금액이 회사로 입금되는 것이 아니다. 사채 발행은 조금 복잡한 구조를 가지고 있어서 실제 입금액과 액면 금액과는 차이가 있다.

액면이자율은 액면 금액과 마찬가지로 채권에 표시된 이자율이다. 시장이자율은 당해 사채에 대하여 투자자들이 요구하는 수익률로 위험 프리미엄을 가산하여 결정된다. 위험 프리미엄을 결정하기 위하여 신용평가기관에 신용등급평가를 의뢰하여 나온 각 회사의 신용등급에 따라 위험 프리미엄이 다르게 결정된다. 각 회사의 신용등급은 매출 성장, 현금 안정성, 이익률 등 여러 가지를 고려하여 평가 등급을 산정한다.

유효이자율은 사채의 발행 금액과 사채 미래 현금 흐름의 현재가치를 일치시키는 이자율이므로 통상 시장 이자율과 동일하게 보면 된다. 미래가치라는 것은 현재의 현금이 미래에 얼마의 가치인지를 표시하는 것으로 사채

액면 금액은 약정 기간이 지난 후에 금액이므로 미래 가치라고 할 수 있다.

흔히들 표현하는 말로 예전에는 1,000원이면 큰돈이었는데 요즘은 초등학생들도 쳐다보지 않는다고 하는 이야기들을 할 때 이 내용이 현재 가치와 미래 가치를 잘 표현한다고 할 수 있다. 과거의 1,000원의 가치와 지금의 1,000원 가치가 다르듯이 미래의 1,000원 가치도 지금의 1,000원 가치하고는 다른 것이다. 즉 현재 가치와 미래 가치의 차이는 이자율, 즉 금리에 의해서 좌우된다. 현재 가지고 있는 현금의 현재 가치에 대하여 시장 금리와 기간을 적용하면 미래 가치가 결정된다.

미래가치=현재가치×$(1+r)^n$으로 표시된다.
r=이자율, n=기간

따라서 현재 가치와 미래 가치를 검토할 때는 시장의 금리를 잘 살펴보아야 한다. 저금리 시대라고 한다면 미래 가치와 현재 가치의 차이가 크지 않을 것이고 반대로 고금리 시대라고 한다면 미래 가치는 현재 가치보다 높을 것이다. 회사에서 사채를 발행하는 시기를 선택하려고 한다면 시장 금리를 잘 살펴서 금리가 회사에 유리하다고 판단되는 시기에 발행하는 것도 하나의 전략이 될 것이다.

사채는 일반사채와 특수사채로 구분된다. 일반사채는 가장 기본적인 형태의 사채를 말한다. 특수사채는 사채에 특별한 권리가 부여되는 사채를 특수사채라 한다. 특수사채는 전환사채, 신주인수권부사채, 교환사채, 상환사채 등이 있다.

간단히 각각의 특수사채에 대해서 알아보면 다음과 같다.

전환사채(CB)

특수사채 중 가장 자주 들을 수 있는 사채로 사채권자에게 전환 기간 내 주어진 전환 조건에 따라 사채 발행 회사의 주식으로 전환할 수 있는 권리가 부여된 사채다. 즉 사채의 상환을 발행 회사의 주식으로 상환할 수도 있는 사채이다.

발행 회사 입장에서는 일반사채에 비해서 금융비용이 적게 들어 매력적이기도 하고 상환 만기 시 채권자의 요청이 있으면 주식으로 상환을 하게 되어 유상증자의 효과를 가져오는 특징이 있어 일반사채보다는 발행 회사가 매력적으로 생각하는 사채이다. 또한 전환권이 주어지는 효과로 인해 주가가 좋은 회사라면 일반사채 이자율보다 낮은 이자로 발행이 가능한 장점도 가지고 있다. 그러나 반대로 주가가 높지 않거나 크게 매력적이지 못하다면 채권 매수자는 채권 발행 회사에 대해 일정의 이익 보장을 요구할 수 있는데 이를 보장수익률이라 한다. 보장수익률과 액면이자율과의 차이를 전환사채할증금이라고 재무상태표에 표시하고 있다.

전환사채 발행을 고민할 때 생각해 두어야 할 것이 안정적 경영권 확보라는 점이다. 앞서 주식과 사채를 이야기할 때 언급하였지만 주식 발행은 대주주의 경영권 안정을 위한 안정적 지분율을 고민하면서 진행하여야 하다. 또한 이 지분율은 뒷부분에 이야기할 가업상속 조건에 해당하는 지분율 유지기간에도 영향을 주게 되므로 전환사채에 대한 발행은 여러모로 살펴보고 진행하는 것이 바람직하다.

신주인수권부사채(BW)

사채권자에게 일정한 행사 가격으로 발행 회사의 신주를 인수할 수 있는 권리가 부여된 사채이다. 전환사채와 신주인수권부사채는 주식으로 전환할 수 있는 공통점은 있으나 전환사채는 주식 발행으로 채권이 소멸되지만 신주인수권부사채는 주식 납입금을 무엇으로 하는가에 따라서 채권이 별도로 존속된다.

신주발행의 대가를 별도로 투자자가 납입하는 경우에

는 신주를 발행하더라도 사채의 금액은 그대로 소멸되지 않고 남아 있게 되어 채무 상환 의무가 존재하게 된다. 즉 채권자가 신주에 대한 대가를 별도로 지불한다면 사채 금액은 회사가 상환해야 할 사채로 남아 있다는 것이다. 만일 주가가 낮은 시장 상황이라면 채권자는 신주 인수할 때 주식대금을 다른 자금으로 넣고 사채를 회수하는 것이 유리할 것이고 반대의 경우라면 채권 금액으로 주식 대금을 지불하는 것이 유리하기 때문에 주식시장에서의 주가에 따라 사채 상환 방법이 달라질 수 있는 사채이다. 그리고 대주주 입장에서는 전환사채나 신주인수권부사채 활용 시 대주주의 지분율이 희석될 수 있으므로 주식 상황을 고려해서 진행하여야 한다.

교환사채

사채권자에게 사채 발행 회사가 보유하고 있는 증권(자기주식 포함)으로 교환할 수 있는 권리가 부여된 채권이다. 투자자의 의사에 따라 회사가 보유하고 있는 제3의 회사의 주식 또는 채권 등으로 교환할 수 있는 채권이다. 발행 회사는 교환에 필요한 증권을 교환청구 기간이 만료되는 날까지 예탁결제원에 예탁하여야 한다. 기존 증권을 교부하는 채권이므로 전환사채나 신주인수권부사채 대비 발행 비용이 발생하지 않는 장점이 있는 채권이다.

차입금

일정한 기한 내에 원금의 상환과 일정한 이자를 지급한다는 채권 채무 계약에 따라 기업의 운전자금 부족 또는 시설 투자를 위하여 외부로부터 조달하는 자금을 말한다. 일반적인 자금 관리 측면에서는 회사의 총 가용현금에서 차입금을 차감한 금액을 순현금이라 정의하고 관리한다.

경제 상황이 불안전하거나 미래 사업에 대한 투자 준비를 위한 유동성 확보를 위하여 차입금을 일으킨 후 은행에 보관하는 기업도 있다. 이런 경우 회사의 가용현금은 차입금의 증가로 인하여 같이 동반 상승한다. 그러나 회사의 순현금은 변동이 없다.

회사의 순현금은 회사의 총 가용자금에서 차입금을 제외한 회사 소유의 진정한 자기 현금이라고 할 수 있으므로 회사는 이러한 순현금 관리에 집중하고 순현금을 기초로 한 경영 전략을 구사한다면 회사는 성장을 위한 투자에 적극성을 가지고 임할 수 있고 또한 회사는 재무적 안정성으로 경영 안정화를 이루게 될 수 있다.

따라서 회사의 자금 관리는 순현금 기준으로 관리하는 것이 훨씬 안정적인 회사 자금 관리 방법이라고 할 수 있다. 순현금주의를 기준으로 경영을 한다면 회사는 훨씬 안정적인 재무 상태를 유지하게 되어 기회에서는 기회를 살리고 위기에서는 위기를 타개해 나가는 데 굉장히 중요한 역할을 하게 될 것이라고 생각한다.

그렇다고 회사가 순현금으로만 관리를 하는 경직된 관리 방식보다는 차입을 통한 회사가 다른 이익을 취할 수 있다면 차입 전략을 적절하게 이용하는 것이 최선의 전략이다. 회사가 전략적으로 차입금을 이용하는 방법으로는 환율 변동에 대한 헤지 목적으로 차입을 이용할 수 있고, 외화 조달 금리와 원화 예금 금리와의 차이 발생 시 외화와 원화와의 금리 차를 이용한 차입 전략을 사용할 수도 있다.

물론 이런 전략은 금융시장의 동향에 대한 중장기 분석을 통하여 진행하여야 한다. 회사가 차입금을 활용하는 방법 중 하나로 환율 변동 위험에 대한 헤지(Hedge) 목적으로 외화 차입을 이용할 수 있다. 환율이 높을 때 외화 차입을 하여 원화로 전환한 후에 환율이 떨어지면 보관 중인 달러를 상환하는 방법으로 환율 변동에 대한 헤지 전략을 사용하는 것이다.

이때 가장 중요한 것은 회사가 외화 수금액이 발생하여 외화가 회사로 수금이 되어야만 효과가 있지 만일 회사로 입금되는 외화가 없다면 이런 전략은 구사하면 안 된다. 외화 차입은 사용 목적을 명확히 해야 하기 때문에 그런 수요가 있다면 환율 변동에 따른 외화 차입을 헤지 목적으로 사용할 수 있다.

환율 하락이 예상되는 경우라면 높은 환율일 때 외화 차입을 일으켜서 원화로 환전한 다음 환율이 하락된 시기에 수금된 외화를 가지고 상환을 한다면 환율 하락에 대한 헤지 효과를 볼 수 있다.

예를 들어 현재 환율이 달러당 1,500원이라 하면 1달러를 차입해서 매도하면 1,500원으로 원화 예금을 할 수 있다. 몇 달 후 환율이 1,100원으로 떨어졌다고 하자, 회사는 1,100원 환율 시장에 수금한 달러를 매도하면 1,100원을 받게 되지만 그 1달러를 가지고 외화 차입 1,500원 환율의 1달러를 상환하게 되면 회사는 1,100원 환율 시장에 1,500원으로 매도하는 효과를 볼 수 있다는 것이다. 만일 반대의 경우가 되어 차입금 상환일이 되었을 때 환율이 높다면 차입금 상환을 은행과 협의하여 연장할 수 있기 때문에 헤지에 대한 안정성을 더 길게 가져갈 수 있다. 환 헤지는 환율 변동 위험을 회피하는 것으로 이해해야 한다. 이것을 가지고 이익을 내려고 하거나 욕심을 부려서는 큰 낭패를 겪을 수 있다.

몇 년 전 나라를 떠들썩하게 했던 키코 사태를 기억하고 있을 것이다. 키코 사태는 외환시장을 잘 모르는 기업들에 엄청난 피해를 주었지만 가만히 내용을 들여다보면 일부 기업들은 환차익에 욕심을 내서 장기간 계약을 한 것이 피해를 키우지 않았나 생각한다. 변동 폭이 큰 외환 시장 흐름을 본다면 장기간 환율이 일정한 방향으로 유지된다는 것이 어렵다는 것을 잘 알고 있을 것이다. 그럼에도 길게는 1년 이상을 한 기업들도 많다는 것은 키코를 환율 변동의 헤지 수단이 아닌 투자로 활용했다고 볼 수도 있을 것이다.

헤지는 위험 회피 수단이지 투자로 인한 이익을 창출하는 수단이 아니라는 것을 정확히 이해하고 있다면 차입금을 적절히 활용하면서 환율 변동에 대응할 수 있을 것이다. 즉 환율 변동이 큰 경우 수출 중심의 기업은 회사 손익 및 자금 상황에 막대한 영향을 끼칠 수 있는 요인이 되므로 이 위험을 감소시키는 노력이 필요한데 선물환 거래 등도 하나의 방법이며 외화 차입을 통한 방법도 헤지의 하나의 방법이 될 수 있다고 생각한다. 차입을 고민할 때 항상 생각해 두어야 할 것이 상환 능력과 차입 금리이다. 차입 상환 능력은 회사의 영업활동을 통해 이익을 창출할 수 있는 경우에 상환 능력이 있는 것이지 장밋빛 꿈이나 막연한 기대감으로 차입을 진행한다면 커다란 경영상의 위기를 초래할 수 있다. 또한 금리에 대한 고민을 해야 하는데 단순 차입 금리도 중요하지만 외화 차입을 통한 헤지와 마찬가지로 환율 변동이 심하지 않은 금융시장 환경이라면 상대적으로 낮은 외화를 차입해서 원화 예금을 운용하는 것도 회사에서 구사할 수 있는 전략이라고 할 수 있다.

가끔 증권가 사람들을 만나서 특정한 어떤 회사 이야기를 할 때가 있다. 이런 경우 증권가 사람들이 항상 영업이익이 좋은 회사라고 추천하는 회사들이 있다. 나중에 그 회사의 재무제표를 보다 보면 특이한 점이 발견되는 경우가 있다. 정말 영업이익은 엄청 좋은데 차입금이 계속 증가하는 회사들인 경우이다.

물론 설비 투자 등이 있어서 고정자산이 증가한 회사라면 이해가 되는데 그런 설비 증가도 없는데 영업이익이 많이 났음에도 차입금이 증가하는 회사, 그런데 보유 현금은 점점 감소하는 회사……, 여러분들은 이런 회사를 어찌 판단하실까? 좋은 회사로 아니면 문제가 많은 회사로 생각할까? 과연 여러분은 어떤 평가를 내릴까? 아마도 좋은 회사라고 평가하기는 힘들 것이다. 물론 회사의 자세한 설명을 들으면 그렇게 해야만 했던 이유를 알기는 하겠지만 그 이유가 합당하다고 판단하기는 조금 어려울 것이다. 회사 자금에 대한 입금과 출금은 명확히 사용 용도가 나와야 하는데 그런 것이 재무제표에서 설명이 안 된다면 아마도 많은 사람은 고개를 갸웃거리게 될 것이다.

이렇듯 경우에 따라서 차입금은 재무제표를 보는 외부

인에게 회사 내부 상황에 대하여 치명적인 정보를 제공한다고 볼 수 있다. 차입금은 남의 돈을 빌려 오는 것이니 더욱더 신중하고 전략적인 운용과 관리가 필요하다고 생각한다. 회사의 분석에 엄청 중요한 요소 중의 하나인 차입금 관리는 또한 손익 측면에서는 금융비용이라는 이자비용이 증가하게 되어 회사의 손익에 부정적인 영향을 끼치게 된다.

이자보상배율이라는 것이 있다. 이자와 영업이익과의 관계를 나타내는 것으로 영업이익을 이자비용으로 나눈 것이다. 당연히 이자보상배율이 1이면 영업으로 번 돈 모두를 그해 이자를 갚는 데 다 사용한다는 의미이고, 1보다 크다면 영업이익이 이자를 내고도 남는다는 의미이다. 물론 1보다 작다면 이자를 감당하기도 어려운 상황이라는 것을 의미하는 채무 상환 능력을 의미하는 지표이다. 영업이익으로 벌어들이는 돈보다 이자를 내야 할 돈이 더 많다면 원금 상환은 생각도 하지 못하는 회사 상태이므로 매우 불안한 상태라고 진단을 내리고 빠른 대책을 세워야 하는 것이다.

회사에서는 꼭 필요한 자금에 대한 수요인지, 차입금을 통한 향후 미래의 회사에 경제적 효익이 발생하는 것인지에 대하여 심사숙고해서 차입금을 운용하여야 한다. 또한 경영 상황이 일시적으로 어려운 경우라면 금리나 조달 방법에서 가장 유리한 은행과 차입 방식을 선택하는 것이 중요하다. 차입금을 이용하지 않고 회사를 경영하는 것이 어찌 보면 최상의 경영이라고도 할 수 있지만 안정적인 차입금 관리를 할 수 있다면 적절하게 차입금을 이용하는 것도 좋은 경영 방식이라 할 수 있다.

우발채무와 충당부채

우발채무는 현시점에 실제로 발생하거나 지급해야 할 부채가 아니다. 과거나 현재의 거래로 인해 미래에 발생할 수 있는 잠재적인 부채이다. 예를 들어 가지고 있던 어음을 만기가 도래하기 전에 할인을 하는 경우 만일 그 어음이 부도가 난다면 할인된 어음에 대한 반환 채무가 발생하게 되는데 이럴 경우를 우발채무라 한다. 우발채무와 반대 개념의 우발이익도 있는데 우발이익에 대해서는 별도로 기표하지 않는다. 회계는 보수주의를 택하고 있기 때문에 이익은 실제 발생한 이익만을 표기하게 되어 있다. 물론 우발채무도 재무상태표나 손익계산서 등에 자산이나 부채 또는 손익 항목으로 표기되는 것이 아닌 주석에 별도 보고하는 방식으로 표시되며 재무상태표나 손익계산서에 직접 표시되지는 않는다. 즉 미래에 어떤 조건이 맞으면 발생할 가능성이 있는 부채 중 금액을 신뢰성 있게 추정이 불가능한 경우 이를 우발채무라 하여 주석에 표기한다.

이와 비슷한 것이 충당부채가 있다. 과거의 사건이나 거래 결과에 의한 현재 의무로서 지출 시기나 금액이 불확실하지만 그 의무를 이행하기 위하여 자원이 유출될 가능성이 매우 높고 금액을 신뢰성 있게 추정할 수 있는 부채를 충당부채라 한다. 즉 우발채무와 충당부채의 가장 큰 구분은 금액을 신뢰성 있게 추정할 수 있는지로 구분한다고 이해하면 쉬울 듯싶다. 주석에 별도 보고하는 우발채무와는 달리 충당부채는 재무상태표에 직접 보고하는 것이 차이가 있다. 이런 평가 충당금에는 대손충당금, 감가상각충당금, 재고자산평가충당금 등이 있다.

대손충당금은 채권 중 향후 받지 못할 가능성 있는 채권을 추산해서 현재의 매출채권에서 공제하는 금액이다. 보통 과거 대손 경험률을 가지고 추산하기도 하고 각각의 채권 발생 기간부터 결산기준일까지 미회수된 채권을 분석하여 채권 기간별로 별도의 대손율을 적용하는 방법도 있다. 법인세법에서는 채권 잔액의 1% 설정을 대손충당금 설정 한도액으로 기준을 설정하고 있어 회사의 설정액과 법인세법상 설정 기준액과 비교하여 회사 설정액이 크면 세법상으로는 비용을 인정받지 못한다. 그렇다고 법인세 설정 기준액보다 작게 설정했다 하더라도 회사에서 설정한 금액으로 인정된다.

대손충당금을 설정했다고 해서 바로 채권을 장부에서 제거하는 것이 아니며 대손상각비라는 상대 계정으로 처리하고 실제 거래 업체가 부도 등으로 대손이 확정되었을 때 비로소 설정한 대손충당금과 채권을 제거하는 것이다. 이런 충당금 설정은 외부 회계 감사인의 감사 시 설정 기준과 금액을 인정받아야만 비용으로 반영할 수 있다. 회사가 대손충당금을 정확히 이해하는 것이 중요한 사례를 하나 살펴보겠다.

국내 S그룹 계열사를 다닐 때 경험한 일이다. 그 회사의 외부회계 감사 기관은 국내 Big 4 중 하나인 대형 회계법인이었다. 그 회사에 경력직으로 입사한 상황이라 그 회사의 과거 상황을 알고 있는 것이 없었다. 그러다 문득 재무상태표를 보니 대손충당금이 260억 원이나 기재되어 있어 회계사에게 물어보니 과거 계열사 편입 전에 부도가 났었는데 그때 회계법인이 계산해서 설정한 금액이라고 하는 것이었다. 내용을 들어보고 회사 직원들에게 물어보니 아는 사람이 한 명도 없고 오로지 회계법인이 그리하라고 했고 그 이후 아무 말도 없어서 그대로 관리만 하고 있다는 것이었다. 그래서 과거 문서 창고에 가서 몇 년 동안 먼지를 뒤집어쓰고 있는 문서를 찾아서 하나씩 내용을 파악해보니 무려 47억 원에 대해서 잘못 설정된 것을 발견하였다. 이를 환입으로 잡으면 회사 이익이 47

억 원이 증가하는 것이었다. 이를 회계법인에 전화해서 환입의 정당성을 이야기하니 환입이 정당하다는 의견이 인정되니 재무제표에 반영하여야 한다고 했다. 그래서 왜 회계법인이 그리했냐고 하니 회계법인도 "자기들도 모르겠다. 아마도 회사가 이야기한 것을 가지고 그리 처리한 것 같다."는 내용의 답변만 들었고 회사가 이제라도 아닌 것을 증명했으니 환입으로 반영하도록 하고 지금이라도 수정할 수 있어서 다행이라는 소리만 들었다. 그 결과 회사는 이익을 47억 원 환입하여 반영하였던 적이 있다. 과거 회사 부도 당시 회사를 관리하였던 사람들이 회계에 대한 기본적 이해가 있었다면 이런 어처구니없는 일이 생기지 않았을 것이다.

즉 회사 어느 누구라도 회사의 재무제표나 경영 상태에 관심을 가지고 회계를 이해하고 있다면 회사에는 알게 모르게 엄청난 이익을 가져오거나 다가올 손실을 피할 수 있을 것이라는 것이다.

특히나 충당금 계정은 현금 지출이 수반되는 것이 아니라 회사의 회계 담당자들 외에는 조금 소홀히 생각하는 경우가 많다. 그러나 위의 사례에서 보듯이 회사 손익 관리에서는 금액적 영향이 매우 크므로 관리에 소홀하지 않아야 한다.

미지급비용

회계는 발생주의 원칙을 규정하고 있다. 그래서 실제 회계 기간에 현금 지출이나 세금계산서 수취 등의 거래가 없었다 하더라도 비용의 효익이 그 회계기간에 영향을 주었다면 그 비용을 재무제표에 반영하도록 하고 있다. 현금주의와 기간 차이가 발생하는 성격의 비용으로는 전력료 등 매월 고지되는 각종 공공요금 지급기일이 도래하지 않은 은행이자, 급여 기산일이 말일이 아닌 경우 기준일 이후부터 말일까지 일자의 인건비 등에 대하여 합리적인 금액을 추정하여 미지급비용을 재무제표에 반영한다.

이미 앞부분에서 발생주의와 현금주의 설명을 하면서 다루었던 내용이라 이해하는 데 어려움이 없을 것이라 생각한다. 이렇게 반영된 미지급비용은 결산 후에 거래 금액이 확정되면 미지급금으로 대체되며 그 차액은 해당 비용 계정에서 조정하고 있다.

20XX년에 ○○ 회사는 이자 지급일이 도래하지 않은 12월분 이자 3,000,000원이 있다.

차변) 이자비용 3,000,000

                           대변) 미지급비용 3,000,000

그다음 연도 2월 말에 전년 12월부터 2월까지의 이자 9,000,000원을 은행에 지급하였다.

차변) 이자비용 6,000,000
　　미지급비용 3,000,000
　　　　　　　　　　대변) 현금 9,000,000

급여에 대한 미지급비용을 예로 하나 더 들어보면 ○○ 회사의 급여 기산일이 전월 21일부터 당월 20일까지 계산한 후 25일에 급여를 지급한다고 하면, 12월 말 결산 시에는 12월 21일부터 12월 31일까지 급여를 계산하여 결산에 반영하여야 한다.

　　○○ 회사의 21일부터 31일까지의 급여가 20,000,000원이라고 하면

차변) 급여 20,000,000
　　　　　　　　　　대변) 미지급비용 20,000,000

다음 달 급여 지급 시에는 총 급여액이 1억 원이라고 하면

차변) 급여 80,000,000
　　미지급비용 20,000,000
　　　　　　　　　　대변) 현금 100,000,000

예수금

회계에서 말하는 예수금은 회사에서 자금은 보관하고

있지만 소유권이 없는 것으로 제3자에게 돌려주어야 하는 자금을 말한다. 쉽게 이야기해서 남의 돈을 임시적으로 가지고 있는 것이 예수금이라 생각하면 된다. 가장 흔하게 사용하는 것이 급여 지급 시 직원들 급여에 대한 소득을 원천 징수해서 예수금으로 보관하다 매월 10일에 납부하는 것이 대표적이다. 예수금 계정은 4대 보험 등 직원 관련한 부분과 일부 외부 거래선 관련한 내용이 모여 있는 아주 복잡한 내용을 가지고 있다. 그런 복잡한 내용에 비하여 개별 금액은 그리 크지 않다 보니 각 회사 담당자들이 소홀히 생각하는 경우가 많다.

그러나 몇 개 모이면 금액이 커지는 특징도 가지고 있으므로 예수금에 대한 관리는 항상 주의해서 관리하여야 한다. 미수금은 외부로부터 받을 금액이라 나름 신경을 쓰고 있지만 예수금은 남에게 미리 받아 보관하고 있는 내용이라 신경을 덜 쓰는 경우가 많다.

그런데 예수금은 세금이나 공과금 관련된 부분이 있을 수 있어서 자칫 소홀한 관리로 쓸데없는 비용이 발생할 수도 있다는 것을 알아야 한다. 예수금은 최소한 분기 내지는 반기마다 계정명세서를 만들어 거래처별로 전기 잔액과 당기 증가와 감소액을 정리하여 당기 기말 금액을 관리하면 예수금 관리에 실수 없이 관리할 수 있다. 모든 계정에 대하여 계정 명세서를 만들어 관리하는 것도 중요하지만 그 계정명세서 상의 내용을 올바르게 이해하고 분석하는 것이 관리의 핵심임을 알아야 한다.

아마도 예수금을 지금껏 관리해 오지 않은 회사라면 예수금 계정을 지금이라도 살펴보면 그동안 정리해 오지 않았던 많은 거래들이 장부에 그대로 남아 있음을 알 수 있을 것이다.

예수금과 미수금 관련된 계정에 대한 대표적인 사례를 하나 들어보면 가장 좋은 예로 매년 말에 진행하는 연말 정산이다. 회사가 연말정산을 하게 되면 환급세액이 발생 하게 되어 회사에서는 3월경에 직원들에게 환급세액을 돌려주게 된다.

그러나 이 환급세액은 세무 당국에서 회사가 돌려받은 금액이 아니고 회사 돈으로 먼저 돌려주는 것이다. 이후 회사는 향후 납부할 근로소득세에서 환급세액을 공제하 고 납부하게 된다.

이를 분개로 요약해 보면 20XX년 ○○ 회사는 연말정 산 환급세액이 3억 원이 발생하여 환급세액을 3월 말에 직원들에게 지급하였다.

차변) 미수금 (관할세무서) 300,000,000

　　　　　　대변) 현금 300,000,000

(급여 지급일)

차변) 급여 2,000,000,000

　　　　　　대변) 현금 1,900,000,000
　　　　　　　　　예수금 100,000,000

이렇게 급여 지급일까지 분개가 마무리된 후 직원들에게 준 환급금 3억 원 중 회사가 세무서에 납부할 금액 1억 원을 차감해 주는 분개를 해주어야 한다.

차변) 예수금 100,000,000

　　　　　　대변) 미수금 (관할세무서) 100,000,000

이런 분개를 통한 예수금 및 미수금을 관리하지 않는다면 재무제표에 허위의 자산과 부채로 기재되어 나타나게 된다. 또한 나중에 이런 것을 정리하려고 하면 인과관계를 찾기가 어려워서 정리하기도 쉽지 않다. 중요해 보이지 않지만 사실 관리에 관심을 가져야 하는 계정이다.

반품추정부채

2000년 초에 많은 회사들이 회계 감사 시 가장 이슈가 된 항목 중 하나로 당시 금융감독원에서 관심을 가지고 감리를 할 정도로 중요하게 생각한 계정이 반품추정부채였다. 회사가 제품이나 상품을 판매하면 반품이 발생하게 된다. 이런 반품이 발생할 것에 대비하여 미리 충당금을 설정하여 미리 부채로 반영하게 되는데 이를 반품추정부채라 한다.

당기에 매출한 제품에 대한 반품이 당기에 다 발생한 다면 반품추정부채를 설정할 필요가 없지만 그런 경우는 거의 없을 거라고 생각한다. 12월 매출에 대한 반품 사유 발생 시 반품은 그 다음 연도에 이루어지기 때문에 반품추정부채 설정 필요가 없는 경우는 거의 없다.

특히나 제품 보증 기간이 1년 이상 있는 회사 제품에 대한 반품은 장기간에 걸쳐 이루어지게 된다. 따라서 이런 제품에 대하여는 반품추정부채를 설정하여야 한다. 즉 당기 매출에 대하여 미래에 반품이 발생할 것을 미리 추정하여 당기 매출액과 매출원가를 차감해서 당기 손익에 반영하는 것이다.

잠깐 예시를 한번 살펴보면 매출액 10,000원에 대하여 과거 반품률이 10%였다면 그리고 이 제품의 매출 원가율이 75%라면

결산마감 기준으로

차변) 매출 1,000

대변) 매출원가 750
반품추정부채 250

매출 1,000원은 10,000×10%=1,000을 매출에서 차감하는 것이고

매출 원가율이 75%이므로 차감하는 매출액에 원가율을 곱하여 차감할 원가를 계산한다. 이후 매출액과 매출원가 차이를 반품추정부채로 설정한다. 이때 반품되어 들어온 제품을 재사용 못 해 폐기해야 한다면 폐기손실까지 반영해서 반품추정부채를 설정하면 된다.

즉 위 분개에서 반품된 제품을 전량 폐기해야 한다면

차변) 매출 1,000
　　　재고자산폐기손실 750

　　　　　　　　　　　　대변) 매출원가 750
　　　　　　　　　　　　　　　반품추정부채 1,000

추후 반품이 실현된다면 반품추정부채를 가지고 정리하면 된다. 과거 반품률 산정이 손익에 미치는 영향이 크기 때문에 종종 외부 회계 감사 법인과 회사 의견이 충돌되기도 한다. 따라서 회사에서는 과거 반품 자료에 대한 분석을 통해 반품률과 폐기는 어찌했는지에 대한 근거를 잘 관리하여야 한다.

반품추정부채뿐 아니라 점점 회계에서는 자료 관리에 대한 중요성이 커지고 있으므로 회사는 과거 자료 관리에 많은 관심을 가져야 한다. 그런 자료 관리는 회사에

유리하게 사용되는 경우가 있을 것이다. 이런 반품추정부채 설정을 봐도 과거의 경험률이 가장 기본적으로 적용하듯이 회계 기준에 맞춰 무엇인가를 추정할 때 기본적으로 사용하는 것이 과거 회사의 경험률 기본이 된다는 것을 알고 자료 관리를 하여야 한다.

다. 자본

자본은 쉽게 생각하면 회사 전체 자산 중 회사 자신의 자산이라고 이해하면 쉬울 듯하다. 쉽게 이야기하면 회사에 투자된 자본금 관련된 금액과 영업활동을 통하여 벌어들인 이익의 총합계가 자기 자본이라고 보면 된다. 즉 미래에 누군가의 요청에 의하여 지불 의무가 발생하지 않는 순수한 자기자본이다.

회계에서는 자본의 항목에는 자본금, 자본잉여금, 이익잉여금 등이 포함된다. 자본금은 회사가 발행한 주식 액면금액, 즉 보통주 발행 주식 수에 액면가를 곱한 금액이다. 많은 사람들이 자본과 자본금을 헷갈려 하는 경우가 많은데 자본은 자본금과 이익잉여금, 자본잉여금, 자본조정을 합친 개념으로 자본금보다는 큰 의미이다. 자본금보다 자본 총액이 크려면 회사의 경영이 좋아 이익이 많이 생기면 이익잉여금이 증가하여 자본이 증가한다. 자본의 증가는 회사의 각종 분석 지표에서 회사 재무 상태의 안정성에 많은 영향을 준다.

회사 재무제표 분석 지표에 부채비율이라는 것이 있는데 이는 회사의 재무 상황을 분석하는 데 많이 사용된다. 즉 회사의 총자산 중 부채가 차지하는 비율을 나타낸다. 부채금액을 자본으로 나눈 분석 수치로서 타인의 자본의 존도를 나타낸다고 할 수 있다. 부채비율이 100%라고 하면 부채 총액과 자본 총액이 같다는 것이다. 부채비율은 낮을수록 회사가 건전하다는 의미이다. 따라서 부채비율을 낮추는 방법은 부채를 줄이거나 자본을 늘리면 된다.

자본을 늘리는 방법 중에서 가장 쉽고 단순한 것은 경영을 잘하여 이익을 많이 내는 것이다. 만일 회사의 영업 상황이 매년 적자를 봤다면 회사는 결국 자본 잠식을 당하게 되어 회사를 계속 경영하는 데 어려움을 겪게 된다. 외부에서 회사의 재무 상태 안정성을 볼 때 가장 많이 보는 분석 지표 중 하나가 부채비율이다. 부채비율이 너무 높으면 은행과의 거래도 쉽지 않을 수 있다.

자본 계정 중 보통주와 우선주 그리고 배당에 관한 이해를 하면 조금 더 도움이 되지 않을까 싶어 여러 자본 관련 용어가 있지만 보통주와 우선주 그리고 배당에 대한 내용을 좀 더 살펴보도록 하겠다. 주식 거래를 많이 하는 분들은 보통주와 우선주, 그리고 배당에 관하여 회계 담당자보다 더 잘 아시는 분들도 있어 그런 분들이 읽으면 너무 쉬운 기본적 내용이라 하실 것이다. 그러나 항상 모든 세상 사람들이 다 같이 알고 있는 것은 아니므로 모르는 분들을 위해서 기본적인 내용을 이야기하려고 한다.

보통주는 기본적인 주식의 형태로 기업이 발행하는 일반적인 주식을 말한다. 보통주는 의결권을 가지고 있어 주주총회에서 그 의결권을 행사함으로써 경영에 부분적으로 참여할 수 있다. 이에 비하여 우선주는 보통주와 달리 의결권이 없는 대신에 배당에 대하여 보통주보다 배당 우선권이 부여되며 회사 청산 때에도 부채를 제외한 잔여 재산에 대한 분배를 보통주보다 우선 받는 주식이다. 우선주는 의결권이 없는 대신에 추가 배당을 받을 수 있으며 시장에서의 유통 물량이 많지 않은 특징이 있다.

우리나라의 많은 회사들이 배당률이 높지 않기 때문에 우선주에 대한 선호도가 그리 높지 않아 보통주보다는 거래 규모나 주식 가격이 조금 낮게 형성되는 특징이 있으니 혹시 우선주 투자를 고려하시는 분이라면 이런 부분도 신중하게 검토할 필요는 있다. 배당은 회사가 영업활동의 결과로 이익을 창출했고 그 이익잉여금에 대하여 주주들에게 나누어 이익을 공유하는 것으로 이해하면 된다. 단 배당은 주주들의 요청으로 이루어지는 것이 아니고 회사 이사회를 통해서 배당 실시와 규모 등이 결정된다. 배당이 이루어지면 이익을 공유하는 것이기 때문에 회사의 이익잉여금은 감소하게 된다. 따라서 회사는 회사 경영 상태 등을 고려한 배당 성향에 대한 기준을 설정해서 배당 결정을 하면 주주들에게도 배당에 대한 설명도 쉽고 회사가 배당 수준을 정할 때도 많은 도움이 될 것이다.

회사가 배당 등을 하지 않고 회사에 이익잉여금을 계속 쌓아 두고자 하는 경우에는 미환류소득 개념을 이해하여야 한다. 미환류소득이란 기업이 영업활동 등으로 인하여 얻은 소득을 투자, 임금, 배당 등으로 지출하지 않고 기업 내에 현금이나 예금의 형태로 회사 내에 유보 즉 남겨져 있는 것을 말하며, 기업의 사회에 대한 투자 확대를 유도하기 위한 관리 목적으로 만들어진 개념이다. 취지는 기업이 내부에 돈을 쌓아 두지 말고 사회에 다시 환원하라는 의미가 강한 내용이다. 회사가 지출하지 않은 미환류소득에 대하여는 과세를 하고 있다.

기업이 벌어들인 소득을 투자, 임금 등으로 지출하지 않고 회사에 유보하는 것에 대하여 과세를 하는 것이다. 즉 사회적 책임을 도모하고 자금의 선순환을 통하여 경제를 활성화한다는 것인데 조금은 아쉬운 내용이 있다. 우선 회사 재무상태표에 유보된 이익잉여금이 그대로 회사에 현금으로 남아 있는 것이 아니기 때문이다. 기업회계 기준은 발생주의를 적용하기 때문에 실제 발생이익이 현금으로 유보되어 있다고 보기는 어려운 면도 있다는 것이다. 즉 회사 재무상태표에 유보이익 규모는 크더라도 회사가 가용할 수 있는 현금 규모하고는 큰 차이가 있다.

이 법의 적용대상 법인은 각 사업연도 종료일 현재 자기자본이 500억 원을 초과하는 법인(단 조세특례법상 중소기업 제외) 또는 각 사업연도 종료일 현재 독점규제 및 공정거래에 관한 법률 제14조 제1항에 따른 상호출자제한기업집단에 속한 법인이다. 자기자본 500억 원을 초과하는 법인은 절세 전략으로 미환류 소득에 대한 관리 및 기준 적용을 어떻게 하는 것이 좋을지에 대하여 매년 말마다 고민하고 결정하여야 한다. 회사 입장에서 생각해 보면 벌어들인 소득에 대하여 이미 법인세라는 항목으로 과세를 한 후 세후 소득에 대하여 그 돈을 다 쓰지 않았으니 세금을 또 과세하는 것은 조금은 합리적 과세로 받아들이기에 조금은 억울한 측면이 있다는 생각이 든다.

(2) 손익계산서

손익계산서는 일정 기간(보통 회계기간 1년) 동안 회사의 수익, 비용 그리고 순이익 또는 순손실을 보고하는 재무제표이다. 재무상태표와 같이 대표적인 재무제표라 할 수 있다. 손익계산서는 다른 재무제표와는 달리 수익 창출의 원인이 자세하게 나타나 있는 재무제표다. 따라서 과거와 현재의 손익계산서 분석을 통하여 미래의 회사 경영 성과를 예측할 수도 있다.

보통 사람들을 만나서 회사를 이야기할 때 가장 먼저 물어보는 것이 매출이 얼마인지 그리고 이익이 얼마나 나는지를 물어보는 경우가 많다. 그런 정보가 다 보이는 것이 손익계산서이다. 회계를 모르는 많은 사람들도 쉽게 볼 수 있는 재무제표가 손익계산서이다. 또한 당기 경영 성과를 나타내는 재무제표이기 때문에 실제 많은 사람들이 이용하기도 한다. 손익계산서는 상장회사(상장 예정인 회사)와 비상장회사가 적용하는 회계기준이 다르기 때문에 그에 따라 보고 양식이 다르다. 상장회사와 상장을 계획하고 있는 회사는 K-IFRS라고 한국채택국제회계 기준을 적용한다.

이때 작성하는 재무제표를 재무상태표와 포괄 손익계산서라 한다. 재무상태표는 기준은 다르지만 기본 형식에서는 큰 차이가 없어 기존 한국 기업회계 기준 작성 재무상태표를 보던 사람들도 익숙하게 볼 수 있는 데 비하여 포괄손익계산서는 기본 형식과 용어가 조금 다르게 사용한다.

IFRS(국제기업회계기준)는 금융위기 이후 한국 기업들의 회계 공정성을 강화하기 위해서 채택한, 유럽 중심으로 기준을 설정하고 있는 회계 기준으로 여기에 한국 실정에 맞게 한국회계기준원 회계기준위원회가 국제기업회계

기준에 따라 제정한 것이 한국채택국제기업회계기준(K-IFRS)이다. 우리나라 상장기업은 2011년부터 K-IFRS를 의무 적용하고 있다.

실제 도입 초기에는 세계 모든 나라들이 다 적용할 듯 홍보하였지만 실제 미국이 도입하지 않는 등 유럽 중심의 회계 기준으로 사용되고 있다. 특히나 K-IFRS는 회사가 어떤 기준을 적용하기 위해서는 외부 기관에 평가나 감정을 받아야 하는 경우가 많아 추가적인 비용을 부담해야 하는 등 실제 기업에는 애초에 도입 목표 대비한 기대 효과에 비해서는 조금은 아쉬운 느낌이 든다. 어찌 되었든 상장 법인이거나 상장 예정인 법인은 의무가 된 **K-IFRS** 기준을 따라 포괄손익계산서를 작성해야 한다. 기존의 한국기업회계상의 손익계산서 표준 양식을 한번 비교해 보자.

두 손익계산서 표준 양식을 비교해 보면 다음과 같다.

K-IFRS	**기업회계기준**
매출액	매출액
(-) 매출원가	(-) 매출원가
매출총이익	매출총이익
(-) 판매비와 관리비	(-) 판매비와 관리비
영업이익 또는 손실	영업이익 또는 손실
(+) 기타 수익	(+) 영업외수익
(-) 기타 비용	(-) 영업외비용
(+) 금융 수익	경상이익 또는 손실

(-) 금융원가   (-) 법인세 비용

(+) 관계기업이익지분   당기순이익

법인세차감전순이익

(-) 법인세비용

계속영업이익

중단영업손실

당기순이익

기타포괄손익

법인세차감후기타포괄손익

총포괄이익(총포괄손실)

포괄손익계산서

제XX기 20XX.01.01.부터 20XX.12.31.까지
제OO기 20OO.01.01.부터 20OO.12.31.까지

(단위: 원)

	당 기	전 기
매출액		
매출원가		
매출총이익		
판매비와 관리비		
영업이익(손실)		
기타수익		
기타비용		
금융수익		
금융비용		
법인세비용차감 전 순이익(손실)		
법인세비용(수익)		
당기순이익(손실)		
총포괄손익		
주당이익		
계속영업기본주당이익(손실) (단위: 원)		
희석주당이익(손실) (단위: 원)		

K-IFRS상에서의 손익계산서는 복잡하고 어려운 말도 많다. 기업회계 기준에서는 영업외수익과 비용이라고 정하고 세분화된 내역을 표시하는 것과 달리 기타수익, 기타비용 그리고 금융수익, 금융비용이라고 구분하여 합계금액으로 표시 후 주석 사항에 기재하고 있다.

또한 기타포괄손익이라는 것이 어찌 보면 두 기준상의 손익계산서에 큰 차이라고 할 수 있다. 기업회계기준상에서는 당기순이익에 포함되지 않는 일부 수익과 비용 항목을 자본 계정에 포함해서 표기했던 것을 K-IFRS 기준에서는 그런 항목을 가진 수익과 비용을 기타포괄손익이라 표기하고 총포괄손익에 반영되도록 하는 것이다. 이는 정보 이용자들이 당기손익에 민감하기 때문인 듯하다. 기타포괄손익은 아직 미실현된 항목들이기에 나중에 실현이 되면 당기순이익에 영향을 주는지 자본계정에 반영할지에 따른 조정 차감이 필요하다. 실제 회사별 손익계산서를 보면 기업회계기준 손익계산서가 훨씬 길고 K-IFRS상 포괄손익계산서는 간단하게 보인다. 공시된 상장사의 포괄손익계산서를 보면 엄청 간단하다는 것을 알 수 있다. 포괄손익계산서는 요약하여 보고하는 것처럼 간단하고 주석 사항에 자세한 내용을 표기하고 있고 기업회계기준의 손익계산서는 손익계산서에 세부 계정이 표기되어 보고하는 방식이라고 할 수 있다. 회사가 K-IFRS 기준 적용인지 아니면 기업회계 기준 적용인지를 알고 K-IFRS 기준 적용이라면 좀 더 주석 사항까지 자세히 살펴보아야 할 것이다.

이제부터는 손익계산서가 어떤 계정으로 구성되어 있는지 그리고 그 계정의 특징은 무엇인지 하나하나의 계정에 대하여 살펴보자. 여기서 잠깐 알아 두어야 할 것이 재무제표를 요약식으로 보고하는 방식을 사용하기도 하는데 회사 내부적으로 경영 분석을 위해서는 회사 내부적으로는 세세하게 자료를 관리하는 것이 유리하다.

매출액

손익계산서상 맨 위에 위치하는 계정이다. 회사의 주된 영업활동으로 발생하는 수익으로 제품, 상품 등의 판매 또는 용역의 제공 등으로 실현된 금액을 말한다. 회사의 주된 영업활동이라는 것은 회사가 어떤 사업을 하겠다고 정관 등에 규정된 업무와 관련 있는 활동을 말한다. 예를 들어서 부동산 임대업이 정관에 등록된 사업이 아닌 회사는 회사 건물 또는 토지를 임대로 주었을 경우 매출이 아닌 영업외수익으로 인식한다는 것이다.

제품 매출이나 상품 매출 그리고 용역 매출 등은 이해하는 데 크게 어렵지 않다. 그런데 생산 부산물인 스크랩 등을 처분하는 경우 이것을 매출로 분류해야 하는지 아니면 영업외수익으로 인식해야 하는지를 판단하여야 한다.

부산물이 회사에서 원가 계산할 때 재료비에 포함되어 있다면 스크랩은 수익비용대응의 원칙에 따라 잡매출로 인식하는 게 맞고 그것이 재료비에 반영되어 있지 않다면 영업외수익으로 처리하는 것이 맞는다고 할 수 있다. 매출을 정리할 때 하나 더 고민해야 하는 것이 있다면 사급이라는 거래이다. 사급이라는 것은 회사가 원재료 등을 직접 대량으로 구매하여 협력사에 제공하는 것이다. 즉 원자재 대량 구매를 통한 원가 절감 및 협력사의 구매상의 어려움을 해소하여 주는 장점이 있다.

통상 실무에서는 무상 사급과 유상 사급으로 나누어서 관리를 하고 있다. 무상 사급은 말 그대로 우리 회사 원재료를 외주처에 무상으로 보내서 가공만 해오는 것이므로 외주가공비만 계상하면 나머지는 따로 고민할 것이 없다. 무상 사급을 하는 경우는 원재료 수불을 잘 관리하는 것으로도 회계상이나 세무상 큰 문제가 없다. 그러나 유상 사급을 하는 경우라면 생각할 것이 여러 가지가 있다. 일단 유상 사급 계약은 원재료를 판매 후 협력사가 원재료에 일부 공정을 가공한 가공품을 다시 구매하는 거래 방식이다.

사급 거래는 사급과는 유상으로 하느냐 아니면 무상으로 하느냐 차이만 있어야지 그것으로 회사의 어떤 손익에 영향을 주어서는 안 되는 것이다. 유상 사급의 처리에 대한 잘못된 활용은 특정 회사의 매출과 매입을 과대 계상하게 한다. 예를 들어서 어떤 회사가 유상 사급 거래를 한다고 하면 그 회사는 유상사급으로 인한 매출이 발생하는데 이것은 원재료에 대한 원재료 매출이고 그 원재료를 가지고 가공해서 완성된 제품을 매출하게 되면 회사는 완제품 하나의 매출만을 인식해야 하는데 원재료 매출도 인식하게 되어 매출이 과대 계상되는 오류가 생기게 된다.

이 유상사급 매출 거래 규모가 크다고 하면 회사 손익계산서 매출 정보에 상당한 왜곡을 가져오게 된다. 제품을 제조 판매하는 회사는 완성된 제품 매출액을 적용해야지 그 자동차 부품을 유상사급으로 매출을 하고 그 부분을 포함해서 다시 매입하고 하는 방식으로 매출이나 매입 외형을 늘려서는 안 된다는 것이다.

유상 사급은 협력사에 대하여 원재료 구매 등에 대한 지원을 위한 것이므로 최초 구매가격 그대로 협력사에 유상으로 공급하면 되는 것이다. 즉 이 거래를 통해서는 마진을 인식해서는 안 된다는 것이다.

가장 좋은 것은 회사가 매입한 가격 그대로 매출을 하는 것이다. 즉 매입단가와 매출단가를 똑같이 적용하면 마진 발생 없이 거래를 정리할 수 있다. 그러나 많은 회사들이 ERP를 통한 재고자산 관리를 하다 보니 실제 매입한 단가가 재고 평가라는 절차를 거치면서 매출단가는 특정 시점의 매입단가가 아니고 매월 말의 평균단가를 적용하게 된다.

그렇게 매입단가와 평균단가의 차이로 인하여 실제 마진 또는 역마진이 발생하게 되는데 회사는 마감 시 이때 발생한 마진을 제거해야만 한다. 보통의 거래에서는 지급수수료 계정을 사용해서 마진을 제거하고 있다. 이때 앞에서 이야기한 것과 같이 매출이 과대 계상되는 것을 방지하기 위하여 유상 사급으로 인하여 발생한 매출 인식을 제거해야만 회사의 순수 매출을 계상할 수 있다. 이런 마진 제거는 매출을 하는 회사나 매입을 하는 회사나 모두 동일하게 제거해야만 한다.

물론 유상 사급 매출을 할 때 세금계산서는 발행해야만 한다. 따라서 추후에 손익계산서상 매출액과 부가세 신고상의 과세표준 금액의 차이가 나는 원인이기도 하다.

조금 더 이해를 쉽게 하기 위해서 분개를 통해서 설명을 하면, 20XX년 ○○ 회사는 A회사와 유상 사급 거래 계약을 맺은 후 2월에 매입단가 100원에 매입한 원재료 1,000개를 A회사에 판매하였다. 2월 말 회사의 이 원재료 평균단가는 110원이다.

유상 사급 판매 시

차변) 외상매출금 121,000

　　　　　　　　　　대변) 유상 사급 매출 110,000
　　　　　　　　　　　　　부가세예수금 11,000

원가 매입 시

차변) 원재료 100,000
　　　부가세대급금 10,000

　　　　　　　　　　대변) 현금 110,000

유상 사급 결산 시

차변) 유상 사급 매출원가 100,000

　　　　　　　　　　대변) 원재료 100,000

유상 사급 마진 제거 시

차변) 유상 사급 매출 110,000
　　　지급수수료 -10,000

　　　　　　　　　　대변) 유상 사급 매출원가 100,000

　　유상 사급 매출로 인한 채권은 추후에 매입 채무와 상
계 처리한다. 이런 상계 처리도 회사에서 일방적으로 하
는 것이 아닌 협력사와의 상호 합의가 선행되어야만 상
계를 할 수 있다. 매출로 손익계산서에 표시하기 위해서
는 많은 사람들은 세금계산서만 발행하면 가능한 것으로
알고 있으나 실제로는 매출 인식 시점이 세금계산서 발
행 시기와 같은 것은 아니다.

매출로 인식하는 요건은 각각의 거래 형태에 따라 다르다. 일반적인 재화의 판매 경우는 재화를 인도하는 시점을 수익 인식 시기로 본다. 가장 일반적인 거래에서 볼 수 있는 것으로서 재화를 넘겨주는 시기에 매출을 인식한다는 것이다. 만일 시용판매 조건이라면 구매자가 구매 의사를 밝힌 시점이 매출 인식 시기이다. 즉 재화를 인도했다 하더라도 구매자가 시용 완료 후 구매하겠다는 의사를 밝혀야 비로소 수익으로 인식할 수 있다는 것이다. 이와 비슷한 것으로 위탁 판매 방식이 있다. 판매를 누군가에게 위탁하는 경우는 위탁자가 수탁자에게 제품을 인도할 때가 아닌 수탁자가 그 위탁 받은 제품을 판매했을 때 비로소 수익으로 인식할 수 있다.

수출의 경우는 여러 가지 계약 조건이 있다, 흔히 사용하는 기준은 FOB라 하여 선적 인도 기준이라고 배에 제품을 선적한 시점에 수익을 인식한다. FOB 조건의 거래 시 BL(Bill of Lading, 선하증권)과 수출면장 등을 매출 증빙으로 구비하여야 한다. BL은 선적 일자와 품목 수량 등이 기재되어 있고 수출면장에는 금액이 표기되어 있어 두 가지 서류를 가지고 FOB 조건의 무역거래에 대한 매출 인식을 할 수 있다.

이런 기준과는 별도로 진행률 기준이라는 것이 있다. 건설 현장이나 수주제품을 취급하는 회사에서 주로 사용하는 것으로서 총 발생 예정 원가에서 실제 발생한 원가율만큼의 비율로 총 수주금액에서 매출로 인식하는 것이다. 앞서 매출채권에서 공사미수금 설명을 하였듯이 진행률로 인식한 매출은 거래처 채권 확정이 아니므로 회사는 공사미수금, 공사선수금 그리고 세금계산서 발행분 관리를 구분하여 각각의 프로젝트별로 관리하여야 한다.

많은 회사들은 매출 관리 및 분석을 위하여 제품 매출, 상품 매출, 제품 수출 그리고 잡매출 등으로 구분하여 관리한다. 매출을 차감하는 항목인 매출 에누리와 매출할인에 대하여는 재무상태표 매출채권 부분에서 이미 설명하였다. 즉 손익계산서 매출을 표기할 때는 매출액에서 매출 에누리와 매출할인을 차감하여 손익계산서상 매출액을 계산한다.

또한 가능하다면 제품 매출이나 상품 매출을 국내 매출과 수출로 구분해서 관리하는 것이 나중에 분석자료나 부가세 신고할 때 영세율 검증 등에 유리하기 때문에 별도 관리하면 좋다.

매출원가

수익 비용 대응 원칙에 의거하여 수익 인식하는 시기에 그 수익을 실현하기 위하여 발생한 비용을 원가로 인식하여야 한다. 통상 매출원가 중 상품 매출원가는 상품 매입 금액과 그에 따른 부대 비용을 상품 매출원가로 산정한다. 상품 매출원가 산정은 나름 관리하기가 쉽다고 할 수 있다. 상품의 매입 가격과 운반비나 보험료 등 상품 매입 관련한 비용을 당기 상품 매입액으로 하여 전월 상품 재고 수량과 금액을 가지고 평가를 하면 상품 매출원가가 계상된다.

그러나 제품 매출원가는 제품 생산에 기여한 모든 비용을 가지고 각각의 생산 공정 상태에 따른 완성도 등을 고려하여 각각의 비용을 배부하고 집계하여 제품 매출원가를 산정한다. 비용 배부 집계에 더하여 재고자산 폐기나 관세환급금 등을 고려하여 제품 원가를 계상하기 때문에 상품 매출 원가보다는 복잡하고 어렵다. 원가 계산에 관해서는 뒤에 별도로 자세히 설명하기로 하고 여기서는 간단한 내용만 다루기로 한다.

원가 계산에 의해 산출된 매출원가를 반영할 때 재고자산 폐기나 샘플로 지급한 금액 등은 제품매출원가 표시할 때 타계정대체라는 항목에 표기하여 원가에 반영한다. 보통의 원가 계산은 개별 원가를 산출하려고 한다. 따라서 비용의 발생 원천을 찾아서 그것이 어떤 개별 제품에 해당하는지를 추적하여 그 개별 제품 원가에 가감하는 방식의 원가 계산을 한다. 그러나 회사가 예외적으로 전체 매출원가에서 차감하는 방식으로 선택하는 것이 있는데 관세환급금이다. 관세환급금은 원재료를 수입할 때 납부한 수입관세를 그 원재료를 가지고 가공해 수출을 하는 경우 기납부한 관세를 돌려주는 것이다. 원재료 수입할 때 납부 시기와 수출 후 관세를 돌려받는 시기도 차이가 많이 나고 그 수입관세를 추적해서 개별 제품에서 차감하기도 어려워서 통상 실무적으로는 손익계산서에서 공통 원가 차감하는 방식으로 보고하고 있다. 관세환급금 계정은 원가 차감 항목으로서 손익계산서에 표기하는데 개별 제품 원가가 아닌 공통 원가에서 차감하는 방식이라고 정리하면 될 듯하다.

매출총이익

매출액에서 매출원가를 차감한 이익으로서 매출총이익이 중요한 이유는 회사 이익의 원천이기 때문에 중요하다. 실제 매출 총이익은 제품 생산에 관여한 원가를 차감한 이익으로서 회사의 제품 경쟁력을 보여주는 것이라고 할 수도 있다. 또한 회사의 원천적인 경쟁력을 알아볼 수도 있는 이익이라고 생각한다.

판매비와 일반관리비

매출총이익을 산출하기 위한 매출원가에 비하여 판매비와 일반 관리비는 제품 생산에 직접 기여하는 비용은 아니지만 회사가 운영되기 위해서는 관리 기능과 영업 기능, 개발 기능이 필요하고 그런 기능들은 다 회사마다 가지고 있다. 이런 기능을 유지하고 활동하는 비용들을 보통 판매관리비라 한다. 판매비와 일반관리비는 그렇기 때문에 통상 공통비적인 성격으로 관리하며 개별 제품에 대한 영업이익을 산출하기 위해 매출액 기준 등으로 각 제품에 배부하여 개별 제품별 영업이익을 산출한다.

공통비인 판매비와 일반관리비를 개별 제품에 배부하여 개별 영업이익을 산출하는 목적은 개별 제품에 대한 시장 경쟁력을 분석하고 전략적으로 개별 제품에 대한 전략을 수립하기 위해 필요하다. 판관비에 대한 관리는 매출총이익의 상태를 보고 어느 정도로 관리해야 하는 게 좋은지에 대한 기준을 마련하는 것이 필요하다고 생각한다. 일부 회사들을 보면 판관비에 대한 관리가 부족해서 경영 상황이 악화되었는데도 관리를 제대로 하지 못하여 경영 악화가 더 가속화되었던 경우를 많이 보았다. 참고로 판관비나 제품 매출원가 중 직원들에 대한 복리후생비에 대하여는 특히나 신경을 써야 하는 것이 복리후생비는 한번 정해지면 어지간한 경우가 아니라면 계속 지속되어야 하는 성격이 강하다. 회사가 복리후생을 지급하였다가 어떤 이유 때문이라도 그 복리후생을 줄이거나 중지하는 경우에 직원들에게 큰 영향을 끼치기 때문이다.

따라서 어떤 복리후생 제도에 대한 지급은 신중히 검토해야 하며 모든 직원들이 공정하게 느낄 수 있어야 한다. 그래서 복리후생 제도에 대한 기준 마련이 반드시 필요하고 그 기준이 잘 적용될 때 직원들이 느끼는 만족도가 더 높아질 수 있다. 따라서 그런 지급 기준을 만들어서 진행하고자 할 때는 미래까지 생각해서 결정하는 것이 나중에 복리후생비 지급을 지속적으로 운영하는 데 도움이 되리라 생각한다. 여기서 잠깐 복리후생비와 접대비 그리고 기부금의 차이를 잠깐 소개하고자 한다. 복리후생비와 접대비 차이는 비용 사용 시 참석자가 회사 내부 사람인지 외부 사람인지로 판단하며 내부인이면 복리후생비, 외부인이면 접대비로 처리한다. 접대비와 기부금은 업무의 관련성을 가지고 판단하며 업무와 관련이 있으면 접대비 없으면 기부금이다.

따라서 같은 식당에서 식사를 하더라도 회사 내부 사람만 모여 식사를 하면 복리후생비이며, 외부 사람이 같이 참석하였다면 접대비이다. 복리후생비 계정뿐 아니라 일반 경비 계정 중 대표적인 계정을 살펴보겠다.

급여와 임금

급여와 임금은 근로자에게 근로의 대가로 지급하는 인

건비이다. 두 개의 사전적 의미는 같다. 단지 회계에서는 실무적으로 제조원가와 판관비를 구분해서 관리하기 때문에 사전적으로 같은 의미의 두 단어를 각기 달리 사용한다. 제조원가에서의 인건비는 임금이라고 하고 판관비의 경우는 급여라고 정의하여 사용한다. 그에 대하여 상여금은 지급 시기가 매월 일정하게 지급을 한다면 고려할 것이 없지만 특정 상여 지급월이 있다면 기간 상여 처리하여 매월 상여를 균등하게 반영하여야 한다.

상여 지급 시기가 2개월에 한 번을 주거나 설이나 추석 등에 대하여 상여 지급 시기가 정해져 있다면 회사는 1년 총 상여액을 추정하여 12개월로 나누어 원가에 반영하는데 이를 기간 상여라고 한다. 상여를 기간 상여로 하지 않는다면 상여 지급 시기에만 비용이 많이 들어가게 되어 그때 생산된 제품의 원가를 높게 계상하게 되어 올바른 의사 결정에 왜곡을 가져올 수 있기 때문이다. 또한 연말에 인센티브를 지급하는 결정이 이루어졌다면 지급이 그다음 연도에 이루어진다 하더라도 비용은 당기에 반영하여야 한다.

대손상각비

회사의 채권에 대하여 과거 경험이나 실제 거래처의 상황을 고려할 때 회수가 불가능할 것으로 예상되는 채권에 대하여 충당금을 설정하는데 이를 대손충당금이라고 한다고 앞 재무상태표에서 이야기했다. 그런 대손충당금 설정할 때 그에 대한 상대 계정인 비용 계정이 대손상각비이다. 그런데 대손충당금은 누계적으로 관리하기 때문에 채권 상황에 따라 대손충당금이 변하는 상황에서는 대손충당금이 늘어나는 경우 당기 비용에 대손상각비가 증가하고 감소 시에는 대손상각비가 감소하기도 한다.

다시 설명하면 대손충당금 설정은 회사 채권에 대한 누계 금액 기준으로 관리를 한다. 그렇기 때문에 매출채권 기말 잔액이 감소하거나 매출채권 회수가 원활하게 잘 되어 과거 경험률이 좋아지게 되면 대손충당금 설정액이 감소하게 된다. 대손충당금을 감소시켜야 하는 경우가 발생하면 대손상각비를 상대 계정으로 하여 비용을 줄이고 대손충당금을 반영한다. 비용의 감소는 이익의 증가이니 회사가 매출채권 관리를 잘하면 회사 이익에도 기여하게 된다. 대손상각비는 현금 지출이 수반되지 않는 계정이다. 따라서 회사에서는 소홀히 관리할 수 있는데 영업이익을 관리하는 측면에서는 대손충당금에 대한 관리를 강화해서 채권의 안전성과 영업이익을 관리하여야 한다.

개발비

많은 회사들은 미래를 위한 연구 개발을 위하여 연구소 또는 개발실 등의 이름으로 조직을 구성해서 활동을 지원하고 있다. 연구 개발에 관여한 활동에 투입된 인건비 경비 등은 개발비라는 계정으로 처리한다. 개발비는 세무적으로도 매우 중요한 관리 항목이다. 조세특례제한법상 연구개발공제를 받을 수 있는 기본 요건이기 때문이다. 이런 세액 공제를 받기 위해서는 기업부설 연구소 설치 후 관련 기관에 등록되어 있어야 하고 연구원들은 생산활동에 기여하는 것 없이 오직 연구활동에만 종사하여야 한다. 세법에서의 연구개발공제 적용을 받으려면 기업부설 연구소 등록 이후 독립된 공간에서 연구 개발 목적의 업무를 수행하는 인원에 대한 비용만을 공제 받을 수 있다. 따라서 연구원들을 지원하기 위한 부서 인원이나 연구 소장이 다른 부문에 직책을 겸임하는 경우는 세액 공제 대상에서 제외된다. 신사업을 진출하기 위하여 사전 시장 조사를 하는 것도 영업활동이라고 해석하는 조사관을 경험하면서 연구개발공제를 받는 것이 쉽지 않다는 것을 다시 한번 경험한 기억이 있다. 이런 해석을 하는 세무조사 조사팀장이 한 이야기는 중견기업이나 중소기업은 연구개발 공제를 받기가 쉽지 않다고 가급적 받지 말라는 이야기를 한 적도 있었으니 그런 생각을 가진 사람도 있다는 것을 참고하면 좋겠다.

많은 중견기업이나 중소기업에서 신규 개발 투자를 하는 경우 연구비 공제를 받을 수 있다는 생각으로 투자 시 그런 세무적 혜택을 생각하는 분들이 많은데 의외로 공제가 쉽지 않다는 것을 이해하고 공제를 받고자 한다면 개발비 관리를 세법 기준에 맞추어 좀 더 엄격하게 관리하는 것이 좋겠다. 가뜩이나 엄격한 세법상에서 모든 개발비에 대하여 세액공제를 해주는 것이 아니기 때문에 개발비라는 계정을 하나로만 관리하면 세액공제를 받기 위한 준비에 많은 시간이 소비된다. 또한 부실한 자료관리로 추후에 세금을 추징당하는 일을 겪을 수도 있으므로 개발비 계정은 나름 이런 목표를 가지고 세분화하여 관리하는 것이 필요하다. 따라서 손익계산서에는 개발비라는 하나의 항목으로 표시하지만 관리적으로는 세부적으로 관리하는 것이 훨씬 회사에 유리하다고 생각한다. 또한 손익계산서를 분석하는 사람들은 개발비 비중이 얼마나 되는지를 가지고 회사의 미래 발전 가능성을 판단하기도 한다. 그렇다고 회사의 규모나 상황을 고려하지 않고 연구개발에 대한 투자만을 늘린다면 이 역시 회사 경영상에는 커다란 부담이 될 것이다.

회사에서 감당할 수 있는 수준의 연구개발 투자 규모를 잘 판단해서 연구개발 투자를 하여야 한다. 새롭게 창업한 기술 중심의 회사들을 보면 초기 연구개발 투자에만 관심을 가지고 투자를 하다 실제 영업 실적이 부진해서 사업을 중도에 포기하는 경우를 많이 보아왔다. 항상 현실과 미래가 공존하는 현명한 경영 전략을 적용해야 하는 계정이라고 생각한다. 여기서 잠깐 언급한다면 흔한 경우는 아니지만 기술료를 지급해야 하는 경우가 있다.

어떤 회사는 판관비에 기술료를 표시하는 회사도 있지만 지급수수료 등으로 표시하는 회사도 있다. 기술료는 통상 선급 기술료와 경상 기술료가 있다. 이를 간단히 이야기하면 선급 기술료는 일정기간 동안 정액으로 지급하는 것으로 통상 선급으로 지급을 하는 경우이다. 이때는 선급 기술료를 기간비용으로 하여 지급기간 동안 나누어서 월 비용으로 인식하면 된다. 선급 기술료는 계약한 대로 지급하고 반영하는 데 커다란 어려움 없이 처리할 수 있다. 이에 반하여 경상 기술료는 매출 실적에 따라서 기술료를 지급하는 사후 정산 개념의 기술료이다.

통상 분기나 반기 기준으로 기술료 지급을 하는데 매출액에서 필수 비용을 차감한 금액에 사전 계약한 기술료율을 곱하여 지급하는 방식이다. 매출 실적을 가지고 분기나 반기로 계산하기 때문에 미경과한 분기나 반기가 속하는 월말에는 추정에서 기술료를 반영하여야 한다. 선급 기술료는 통상 선급비용 기술료로 처리하고 경상 기술료는 미지급비용 기술료로 처리한다. 경상 기술료를 계약할 때는 상대방 회사와 매출에서 차감하는 항목에 대한 적극적인 협상을 통하여 기술료를 줄일 수 있다는 것을 이해하면서 협상에 임해야 한다. 많은 회사들이 기술료 협상 시 영업이나 연구 개발 담당자가 협상을 주도하는 경우가 많은데 회계 담당자의 자문이나 조언을 받으면서 진행하는 것이 향후 회사 이익 관리에 도움이 된다고 생각한다.

영업이익(영업손실)

매출총이익에서 판관비를 차감하면 영업이익(손실)이 된다. 영업이익은 회사가 영업활동에 대한 결과이므로 회사가 그 사업을 하면서 창출할 수 있는 이익이라고 이해하면 된다. 즉 정관에 기재된 영업활동을 통하여 창출한 이익으로 회사의 영업 상황을 잘 표현하는 이익이 영업이익이다. 따라서 회사의 수익성 평가를 할 때 사용하는 항목이며 매출액과 영업이익은 가장 단순히 회사 경영 상태를 파악하는 데 우선되는 요소라 할 수 있다.

또한 회사가 외부에 회사 가치를 표시하거나 어떠한 보상 관련 협의가 진행되는 경우가 생긴다면 그 기준은 항상 영업이익을 기준으로 한다는 점에서 영업이익의 관리는 매우 중요하다. 예를 들어 회사가 위치한 지역에 대한 공익사업 목적으로 수용을 당하게 되는 경우가 생겼을 때 영업 보상을 생각하게 되는데 이때 적용하는 것도 영업이익을 기준으로 하고 있을 정도로 회사의 영업 상황을 가장 확실히 알 수 있는 지표이다. 또한 재무적 관점에서 이자보상배율이라는 것이 있는데 영업이익을 가지고 금융 이자를 지급하는 비율이 얼마인지를 나타내는 지표로서 회사의 채무 상환 능력을 보여준다. 이렇듯 영업이익은 많은 부분에서 활용되는 매우 중요한 이익 항목이다. 영업이익 관리를 위해서는 이익의 원천인 매출총이익부터 관리하여야 한다. 특히 대손충당금이나 반품 보상비 같은 비용은 효율적인 기준과 관리를 통해 영업이익을 관리할 수 있다.

회사에서 영업이익 목표를 설정할 때는 주주들에 줄 배당과 그 자금에 대한 금융 이자를 반영하여 영업이익 목표를 설정하는 것이 바람직하다고 생각한다. 회사가 1년 매출과 영업이익을 결정할 때 특히 이 두 가지를 포함한 영업이익 목표를 설정한다면 안정적인 경영을 하게 되리라 생각한다.

영업외수익 및 비용

회사의 정관에 규정된 사업 이외의 부분에서 수익이 발생하거나 비용이 발생하는 것을 기표하는 항목이다. 가장 대표적인 것이 외환 거래를 통해 발생하는 외환차익(차손)이나 외화 환산 이익(손실) 그리고 금융수익(이자수익)과 금융비용(지급이자)이 있다. 외환차익(손실)은 외환 거래 시 발생한 환율 차이로 인하여 발생하는 것이다. 외환차익(손실)은 수출을 많이 하는 회사에서는 굉장히 중요한 항목이라고 할 수 있다. 환율의 변동은 다른 원가 요인이나 수익 요인 없이 회사의 영업이익에 변동을 가져올 수가 있다. 예를 들어 어떤 제품의 판매 단가가 1달러인데 환율이 1,000원일 때는 매출이 1,000원이지만 환율이 1,100원이라면 매출이 1,100원이 되기 때문에 회사 영업이익이 증가하게 되고 반대로 환율이 떨어지면 영업이익이 감소하게 된다.

환율의 차이라 하더라도 매출을 인식할 때 발생하는 환율 차이는 이처럼 영업이익에 영향을 주게 되지만 달러를 수금한 후에 이것을 가지고 원화로 교환할 경우에 발생하는 환율의 차이는 영업외수익 또는 비용으로 처리한다. 환율의 변동을 예측하기는 매우 어려운 일이다. 그리고 외환시장의 환경은 수시로 변동이 심해서 환율이 오르거나 내리거나 하는 예측이 어렵고 그 흐름이 언제까지 유지될지 알기도 매우 어렵다. 달러 수금 후의 환율은 선물계약 등을 통하여 관리가 일부 가능하지만 매출 시점에서의 환율 영향은 관리가 실제적으로 어렵기 때문에 회사는 특히 환율이 하락하는 상황이라면 회사 영업이익 관리에 대하여 많은 신경을 써야만 한다.

금융수익은 예전 한국 기업회계기준상 이자 수익이라고 보면 되고 금융비용은 이자비용이다. 가끔 어떤 회사의 손익계산서를 보면 이익도 좋고 매출도 좋은데 금융비용, 즉 이자비용이 꽤 높은 회사를 볼 수가 있다. 그런 회사는 이익이 많이 나는데도 불구하고 현금이 부족한 경우라 할 수 있다. 이런 경우라면 이익이 과다 계상되었다거나 아니면 자금의 사용처를 분석해 봐야 될 것 같다는 생각이 든다.

고정자산 매각으로 발생한 이익이나 자산의 폐기 손실 등도 모두 영업외수익이나 비용 계정에 반영하는 것이다. 기타 영업외 수익이나 비용을 감안하면 한국 기업회계기준상으로는 경상이익 K-IFRS로는 법인세차감전순이익이 된다.

법인세비용

법인세차감전순이익에 법인세 비용을 반영하면 당기순이익이 된다. 법인세 비용은 회계기준과 세법상의 차이를 조정하여 법인세를 계산하는 것을 의미한다. 회계기준의 법인세차감전 이익을 세무 기준으로 과세표준을 위한 세무조정 작업을 진행하게 되며 세무조정을 통하여 이연

법인세 자산과 이연법인세 부채, 그리고 법인세비용과 미지급법인세를 계상하게 된다. 회계기준과 세법 차이로 인한 수익항목 조정 중에서 법인세를 미리 납부하게 되는 항목은 이연법인세 자산으로, 법인세 납부가 미래로 이월시키는 경우는 이연법인세부채로 계상을 한다.

세무조정을 하게 되면 수익조정항목이라고 하여 각각의 계정에 대한 회계 기준과 세법상 기준의 차이를 조정하여 손금산입 및 익금불산입, 익금산입 및 손금불산입이라고 좌우로 나누어서 정리를 하게 된다. 손금산입이라는 것은 세법상 비용으로 인정해 준다는 의미이며 익금불산입이라는 것은 회사의 이익으로 보지 않는다는 의미이다. 손금산입 및 익금불산입은 세금계산 시 과세표준에서 차감 효과를 가지게 된다. 이에 반하여 익금산입은 세법상 수익으로 인정한다는 의미이며, 손금불산입은 손금, 즉 비용으로 인정하지 않겠다는 뜻이므로 과세표준을 증가시키는 효과를 갖게 된다. 손금산입 및 익금 불산입은 당기에 손금 반영으로 인하여 세금의 이월효과로 인해 세금을 나중에 납부하게 되는 결과로 인해 부채효과를 가지게 되며 그래서 이연법인세 부채로 표기한다. 이연법인세 부채는 미래에 발생할 세금 부담 및 현금유출이라고 생각하면 된다. 이에 반하여 이연법인세자산은 익금 산입 및 손금불산입으로 인하여 미래에 발생할 세금을 당기에 미리 납부하는 것으로 이연법인세 자산으로 표시한다. 세무 조정 시 손금산입 및 익금산입 등에 대한 이해와 더불어 일시적 차이와 영구적 차이라는 말을 사용한다. 일시적 차이라는 말은 과세 기간에 따라 차이가 발생하는 것으로 회사에서는 세무조정 내역을 계속 누계로 관리하여야 하는 내용이다. 예를 들어서 미수수익이라고 이자 수익은 발생하여 회계에서는 수익으로 인식하지만 세법에서는 미실현수익으로 익금 불산입하게 된다. 따라서 당기와 다음 과세 기간에 대한 차이로 발생하는 것을 일시적 차이라고 한다.

영구적 차이는 당기에 발생한 차이금액이 과세표준에 반영됨으로 더 이상 다음 과세기간에는 어떠한 영향을 주지 않는 것으로 접대비 한도 초과 금액 발생 시 이에 대하여 당기에 과세하는 것이며 그것에 대한 효과가 없어지는 것을 말한다. 이연 법인세 자산과 이연 법인세 부채 그리고 실제 납부 세액이 계산이 된다면 실제 납부 세액을 미지급 법인세로 하고 이연 법인세 자산과 이연 법인세 부채를 기표하고 나면 그 차액을 법인세 비용으로 인식하게 된다. 이렇게 법인세 비용을 계산하는 과정을 세무 조정이라고 이야기하며 법인세 비용까지 계산하여 반영하면 비로소 손익계산서의 마지막 항목인 당기순이익이 계산된다. 물론 K-IFRS에서는 중단영업손실 등의 내용을 반영해서 당기순이익을 계산한다.

(3) 현금흐름표

회사는 사람의 몸속에 흐르는 혈액처럼 회사에서 중요한 현금을 관리하여야 하며 이런 현금은 회사가 미래를 위한 투자에 사용되거나 회사 운영에 중요한 역할을 한다. 이렇듯 중요한 현금 관리를 위하여 회사의 현금 흐름에 대한 내용을 보고하는 것이 현금흐름표이다. 현금흐름표는 현금의 유입과 유출을 영업활동으로 인한 현금흐름, 투자활동으로 인한 현금흐름, 재무활동으로 인한 현금흐름 등 3기지 영역으로 나누어 보고한다.

현금흐름표의 현금 잔액은 재무상태표상의 현금 및 현금성자산 금액과 일치하여야 한다. 영업활동으로 인한 현금흐름은 회사의 현금 유입과 유출이 회사의 사업과 직접 관련된 활동으로 인한 현금흐름을 표시하는 부분으로 회사의 제품이나 서비스에 대한 대가로 고객에게서 수금하는 금액이 회사 현금 유입액의 절대 비중을 차지한다. 또한 제품을 만들거나 서비스를 제공하기 위해 지급한 현금 유출이 영업활동으로 인한 현금 유출이다. 영업활동으로 인한 현금 유입이 회사에서는 현금 유입 중 가장 기본적인 현금 유입이라 할 수 있다. 만일 영업활동으로 인한 현금흐름이 부족하다면 회사는 은행으로부터 차입을 하여 필요한 추가 현금 유입을 하여야 하거나 회사 자산을 매각하여 현금 유입을 하여야 한다. 결국 회사 재무 상황을 안정적으로 유지하려면 영업활동으로 인한 현금흐름이 건전하게 유지되어야만 회사의 현금 관리가 안정적으로 된다는 것이다. 영업활동으로 인한 현금흐름이 정관에 규정된 사업에 의하여 발생한 흐름이라면 투자활동으로 인한 현금흐름은 유형자산의 취득이나 처분, 금융상품의 취득이나 처분 등에 사용되는 현금흐름을 기표하는 것이다. 투자활동으로 인한 현금흐름은 현금의 유입보다는 아마도 유출이 훨씬 큰 부분이다. 공장신축 및 매입, 기계장치, 측정기 등 비품을 취득하거나 금융상품 투자가 주요 내용이다. 물론 고정자산 매각 등으로 현금 유입을 가져오기는 하나 취득으로 인한 지출 대비 아주 작은 금액이다. 회사의 투자활동으로 인한 현금흐름이 유출보다는 유입이 많은 회사가 있다면 조심스럽게 회사 사업이 위축되거나 축소되고 있지는 않은지 살펴보아야 한다.

회사에서 자금이 유출되는 가장 큰 부분이므로 투자활동으로 인한 현금흐름 내용을 잘 분석한다면 회사가 미래를 위한 투자를 적정하게 하고 있는지 아니면 무모한 투자를 하고 있는지도 알 수 있으며 투자로 인한 현금의 유출이 영업활동으로 인한 현금 유입에 영향을 주고 있는지도 과거 자료를 비교하면 알 수 있다. 재무활동으로 인한 현금흐름은 차입 및 배당, 자기주식의 취득 등 재무활동에 관한 현금흐름을 표시하며 재무활동으로 인한 현금 유입의 경우는 은행이나 금융 기관으로부터 현금 차입이 주된 원인이다. 앞서 영업활동으로 인한 현금흐름이 좋지 않다면 회사는 부채의 지불 및 급여 등을 지급하기 위하여 차입을 하여야 한다. 따라서 재무활동으로 인한 현금 유입이 있는 경우라면 영업활동으로 인한 현금흐름 상황을 같이 살펴보면 현금 창출 능력이 어떤 상황인지를 파악해 볼 수 있다.

현금흐름표를 직접 작성하는 것은 다소 복잡할 수 있다. 그렇지만 작성된 현금흐름표를 보는 것은 작성하는 것보다는 훨씬 쉽고 간단하다. 기본적인 개념만 알고 있어도 회계 담당자가 작성한 현금흐름표를 보고 우리 회사의 현금흐름에 대한 내용을 파악할 수 있는 중요한 재무제표이다. 회사의 궁극적인 목표는 이익을 창출하기 위해 사업을 하는 것이고 이익을 낸다는 것은 반드시 현금과 연동이 되어 현금도 같이 증가하는 것이 가장 이상적인 회사라고 생각한다. 회사가 이익을 바라보는 시각은 두 가지가 있다고 할 수 있다. 회계 기준상의 이익과 현금의 증가로 보는 이익이다. 회계상의 이익은 여러 가지 회계 기준을 적용하여 계산하기 때문에 현금 증가와 관련성을 찾기가 쉽지 않다. 회사는 회계 기준이 비현금성 수익과 비용도 반영하게 되어 있어 실제 현금흐름과는 차이가 많이 날 수 있다. 회사에서는 비현금성 수익과 비용을 회계상 이익에서 조정을 한다면 현금으로 얼마만큼의 이익이 발생하였는지 알 수가 있다. 실제 회계상의 이익은 외부에 회사의 경영 상태를 보고하는 가장 객관적인 자료이지만 회사를 경영하는 데 있어서는 현금 보유가 더 중요하기 때문에 회사에서는 현금의 중요성을 간과해서는 안 된다. 극단적으로 회계상으로는 적자라 하지만 회사에 현금이 증가하는 회사는 계속 기업을 운영할 수 있지만, 엄청난 회계 이익을 달성했다고 해도 현금이 부족하다면 이런 회사는 계속 운영하기가 어려울 것이다.

빛 좋은 개살구라는 말과 같이 겉은 화려하지만 속은 빈 것과 같은 것이다. 그런 의미로 본다면 사실 현금흐름표가 가장 중요한 재무제표라고 해야 할 것이다. 즉 회사가 보유하고 있는 현금이 어떻게 발생되었고 어떻게 사용되었는지를 정확하게 이해하고 싶다면 회사의 현금흐름표를 유심히 살펴보아야 한다. 그러나 보통 현금흐름표를 너무 어렵다고 생각해서 재무상태표와 손익계산서 정도만 보고 현금흐름표는 실제 다른 재무제표에 비하여 현금흐름표를 소홀히 보는 분들이 많다. 일반적으로 보아 왔던 형식과 용어가 다르다 보니 이해하기도 힘들고 이걸 왜 봐야 하나 하는 생각들도 있었던 것 같다. 실제 현금은 회사에서 볼 때 사람으로 비유하면 몸속에 흐르는 피라고 할 수 있을 정도로 정말 중요하다. 사람은 혈액 순환이 원활해야 건강하고 피로나 상처도 빨리 회복할 수 있는 건강한 사람이듯이 현금은 회사에 있어서 회사를 건강하게 만들고 어떤 외부적 영향으로 인한 위기 상황에도 회사가 굳건히 버텨 낼 수 있는 힘의 원천이기 때문이다. 건실하다는 기업들을 보면 이러한 현금에 대한 중요성을 인식하고 순현금 중심의 경영을 하는 회사들이라 할 수 있다.

현금 수입과 지출의 원천을 구분해서 본다는 것이 현금흐름표의 출발이며, 회사는 각각의 원천에 대한 관리를 통하여 효율적인 현금 관리를 할 수 있다. 건강한 회사의 현금의 원천은 영업활동으로 인한 현금흐름이 좋아야 한다. 즉 회사 본업인 영업활동으로 벌어들이는 현금이 많을수록 회사는 건강하고 튼튼하며 이를 바탕으로 미래에 대한 투자를 할 수 있는 것이다. 간혹 영업활동으로 인한 현금흐름이 좋지 않은 회사가 투자활동이나 재무활동으로 현금을 창출하려는 회사가 있는 것을 보았다. 결국은 더 안 좋은 결과로 이어져서 회사가 더욱 힘들어지는 상황으로 만든 경우를 많이 보아왔다. 그렇다고 너무 안정적인 경영을 하라는 의미는 아니다. 안정적인 현금흐름을 바탕으로 하여 새로운 사업에 대한 투자나 기존 사업에 대한 설비 투자 등을 해야 한다는 의미이다. 물론 자금을 운용하면서 싸게 차입을 해서 투자를 하여 더 큰 이익을 내기 위한 전략도 훌륭한 전략이다. 그러나 이러한 전략도 차입금 상환이나 이자 지급에 대한 능력이 바탕이 될 때 가능한 전략이지 무지갯빛 꿈으로 사업은 진행되지 않기 때문에 더더욱 보수적으로 현금 중심의 경영이 필요하다고 생각한다.

영업활동으로 인한 현금흐름이 좋은 회사라면 영업활동으로 인한 현금흐름과 투자활동으로 인한 현금흐름이 주요 내용이 될 것이면 이때 현금의 유입은 영업활동으로 발생하고 그리 유입된 현금을 가지고 투자활동을 한다고 하면 회사의 재무 안정성은 매우 높은 회사라 할 수 있을 것이다. 영업활동으로 인한 현금 유입된 한도 내에서 투자활동을 하는 것이 바람직하지만 부득이하게 투자를 하여야 하는 경우 재무적 활동으로 일시적 부족한 현금을 조달하는 것으로 이해하면 조금이라도 현금흐름표를 이해하는 데 도움이 된다고 생각한다. 회사 현금흐름표에 대한 관심을 가지고 회사가 현금이 증가한 이유가 영업활동에 의한 것인지 아니면 투자활동, 재무활동에 의한 것인지 살펴보는 것만으로도 회사의 경영 상태를 파악할 수 있다고 생각한다.

현금흐름표

제XX기 20XX.01.01.부터 20XX.12.31.까지
제OO기 20OO.01.01.부터 20OO.12.31.까지

(단위: 원)

	당 기	전 기
영업활동현금흐름		
영업으로부터 창출된 현금흐름		

이자수취		
배당금수취(영업)		
이자지급		
법인세납부		
투자활동현금흐름		
단기금융상품의 순증감		
장기금융상품의 감소		
단기대여금의 감소		
유형자산의 처분		
장기투자자산의 감소		
장기금융상품의 증가		
장기투자자산의 취득		
단기대여금의 증가		
유형자산의 취득		
무형자산의 취득		
종속기업에 대한 투자자산의 취득		
재무활동현금흐름		
단기차입금의 차입		
단기차입금의 상환		
리스부채의 상환		
배당금지급		
자기주식의 취득		
현금 및 현금성자산의 순증감		
기초현금 및 현금성자산		
현금 및 현금성자산에 대한 환율변동효과		
기말현금 및 현금성자산		

(4) 자본변동표

회사의 경영에 따른 자본이 변동되는 흐름을 파악하기 위해 일정 회계 기간 동안 변동 내역을 기록하는 것으로 회사의 자본 변동을 확인할 수 있는 재무제표이다. 자본 변동표는 자본금, 자본잉여금, 이익잉여금, 기타 포괄손익 누계액, 기타 자본 구성 요소 등이 있다. 자본금은 앞장 재무상태표에서 설명을 한 것처럼 사업 밑천이라 할 수 있는 것으로 발행주식수에 액면가를 곱한 금액이다. 자본금 관련해서는 앞 장에서 충분히 설명하였지만 자본잉여금과 이익잉여금 그리고 기타포괄손익누계액에 대해서는 여기서 좀 더 자세히 소개할까 한다. 자본잉여금과 이익잉여금의 차이를 비교하면서 이해를 하면 조금은 더 쉽게 받아들일 수 있을 것이다. 자본잉여금과 이익잉여금의 차이는 어떤 거래에서 발생하였는가에 따라서 결정된다. 즉 이익이나 손실의 원천이 자본거래인지 아니면 영업활동에 의한 손익거래인지에 따라서 구분된다.

주식발행초과금이나 자기 주식 처분 이익이나 손실, 재평가 적립금 등과 같이 자본 거래에서 발생하여지는 이익이나 손실은 자본잉여금이며, 영업활동으로 인해 발생한 당기순이익 또는 당기순손실은 이익잉여금으로 구분된다. 두 잉여금 계정의 차이는 자본잉여금은 자본 전입 및 자본 결손금의 보전 외의 목적으로는 사용할 수 없으며 이익잉여금은 배당이나 임원 상여 등으로 사용할 수 있는 차이가 있다. 즉 주주에게 배당을 계획하고 있다면 이익잉여금의 한도 내에서 배당이 가능하며 이때 배당금에 대하

여 법으로 정하여진 이익준비금을 설정하여야 한다. 이익
준비금은 주주회사에서는 회사 자산의 기초를 튼튼히 하
기 위하여 이익의 일부를 강제로 유보하게끔 정한 기준에
의하여 자본의 2분의 1에 해당할 때까지 배당 금액의
10% 이상을 유보하여야 한다. 보통의 주식회사에서는 주
주에 대한 배당이 발생할 수 있는 일반적인 내용이라 배
당과 이익준비금의 관계를 아는 것도 중요하다. 자산의 재
평가로 인하여 발생하는 재평가적립금이나 액면가 이상의
주식 발행 시 발생하는 주식발행초과금 등은 흔하지 않은
거래라 개념 정도만 이해하면 된다. IFRS 적용을 하면서
자본 계정에 추가된 것이 기타포괄손익누계액은 자본거래
를 제외한 기업이 일정기간 동안 인식한 자본의 변동금액,
즉 매도 가능 증권 평가손익, 위험회피 파생상품의 평가손
익, 해외사업환산손익 등이 포함된다.

예전에는 당기순익에 포함하여 이익잉여금 항목에 포함
되었던 일부 내용을 자본계정으로 변경한 것이 특징인데
가장 대표적인 것이 매도 가능 증권 평가 손익과 위험회피
파생상품의 손익이라 할 수 있다. 예전에는 영업외손익에
반영하였으나 자본계정에 편입시켜 자본변동표에 내용을
보고하게 변경된 것이다. 보통의 회사들은 자본의 변동은
포괄손익계산서상의 당기순이익(또는 순손실)에 의해 변동
이 이루어진다. 순손실은 이익잉여금의 감소로 자본의 감

소를 가져오며 당기순이익의 증가는 자본의 증가로 나타나게 된다. 당기순이익의 경우 회사는 이 순이익을 회사의 경영활동에 사용할 것인지, 주주들에게 배당을 할 것인지를 이사회를 통해서 결정하여야 한다.

이사회 결정을 통해 배당이 결정되면 배당 내역을 자본변동표에 기재하여 자본 변동 상황을 보고하는 것이다. 자본변동표는 그 회사의 자기 자본에 대한 정보를 제공하는 것으로 재무 구조의 건실성을 파악할 수 있는 유익한 재무제표이다.

자본변동표

제XX기 20XX. 01.01.부터 20XX.12.31.까지
제OO기 20OO. 01.01.부터 20OO.12.31.까지

(단위: 원)

	자본				
	자본금	자본잉여금	기타자본 구성요소	이익 잉여금	자본 합계
2018.01.01.(기초자본)					
당기순이익(손실)					
배당금지급					
자기주식 거래로 인한 증감					
2018.12.31.(기말자본)					
2019.01.01.(기초자본)					
당기순이익(손실)					
배당금지급					
자기주식 거래로 인한 증감					
2019.12.31.(기말자본)					
2020.01.01.(기초자본)					

당기순이익(손실)				
배당금지급				
자기주식 거래로 인한 증감				
2020.12.31.(기말자본)				

(5) 주석

재무제표를 구성하는 5가지 요소 중 하나로 4개의 재무제표를 더 잘 이해할 수 있도록 추가 정보를 제공하는 역할을 한다. 한국채택국제회계기준(K-IFRS) 제1001호에 따르면 주석이 포함하는 정보는 아래 3가지로 구분하여 정리할 수 있다.

- 재무상태표를 포함한 4개 보고서의 작성 근거와 구체적인 회계 정보에 대한 정보.
- 회계기준에서 요구하는 정보이지만 재무제표 4곳 어느 곳에도 표시되지 않는 정보.
- 재무제표 어느 곳에도 표시되지 않지만 해당 보고서들을 이해하는 데 도움이 되는 정보.

주석에는 감가상각 방법이나 내용연수, 진행 중인 소송 내역이나 자산에 대한 담보 사항 등 금액적으로 표시할 수 없는 질적 정보 등이 포함된다. 주석은 숫자로 표기하기 어려운 내용이나 추가 설명이 필요한 내용을 적어 놓는 것이기 때문에 재무제표를 보면서 주석을 같이 보면 훨씬 이해가 쉽다. 또한 관계사 간 거래 내역과 특수 관계자 간의 거래 내역도 주석 사항에는 포함되기 때문에 회사의 거래 내역에 대한 보다 정확한 내용을 알 수 있으며 주석에는 주요 주주 지분율도 표시하고 있어 유익한 정보가 많다. 재무제표만으로 부족한 정보를 알 수 있다는 점에서 그리고 재무제표에 대한 세부적으로 정보를 제공하여 주는 것으로 주석의 가치는 매우 높다.

2

회사 내부 경영 결정권자에게
더 필요한 회계

앞에서 이야기한 흔히 말하는 회계는 재무회계 중심이었다면 지금부터는 회사 내부 정보 이용자 특히 의사 결정권자에게 더 관심이 있는 관리회계 중심의 이야기를 할까 한다. 회사 내부 의사 결정권자라는 의미는 경영진만을 의미하는 것이 아니라 회사의 각 부문에서 활동하고 있는 모든 회사 내의 관리자를 포함한다.

회사의 모든 업무는 순간 순간 모두가 의사 결정권자이고 그것에 대한 책임과 권한의 범위가 다를 뿐이다. 그러므로 지금 다루는 내용은 앞의 재무회계 관련한 내용보다 더 집중해서 관심을 가졌으면 한다.

관리회계에서 가장 중요한 부분이 원가관리, 그리고 내부 통제 절차라고 할 수 있다. 원가 관리부터 시작해서 특히 내부통제 절차는 조금 더 자세히 별도로 다룰 예정이다. 일반적으로 재무회계는 통일된 기준의 적용을 받고 있지만 관리회계는 그런 기준 적용에 대하여 조금은 기준 적용에 여유가 있다고 할 수 있다. 특히 원가 분석이나 내부통제 그리고 투자 심의 기준 등은 외부의 어떤 회사와 같은 기준을 적용하는 것이 아닌 각 회사의 상황과 자체 기준을 가지고 판단할 수 있기 때문이다. 어찌 보면 회사 내부적으로 가장 민감한 내용들을 다루는 것이라고 할 수도 있다. 회사 내부 기준을 가지고 판단을 할 수 있으나 그렇다고 모든 것을 아전인수(我田引水)적 해석을 하는 것은 위험한 일이며 기본적인 기준을 준수하면서 추가적 기준은 회사 기준을 적용하는 것이 바람직하다.

1) 원가 그리고 재고자산 관리와 평가

원가 관리

원가는 사전적으로는 어떠한 목적으로 소비된 경제 가치를 화폐액으로 표시한 것이라고 정의한다. 한마디로 무엇을 하기 위해 들어간 총비용이 원가이다. 좀 더 쉽게 이야기하면 원가는 본전이라고 할 수 있다. 본전이라는 사전적 의미 중 하나는 원가 또는 그것에 해당하는 돈이라는 정의가 있다. 따라서 원가를 어떻게 이해하고 적용하는 것에 따라서 같은 제품의 원가라도 회사마다 달라질 수 있다고 생각하면 된다.

같은 물건이라도 만든 국가, 지역, 그리고 회사마다 원가는 다르다는 것을 알아야 한다. 어떤 사람들은 경쟁사가 이런 가격에 만드는데 우리는 왜 원가가 높게 나오느냐는 우문을 던지는 경우가 있고 또 어떤 담당자는 전에 있던 직장에서는 원가가 100원이었으니 여기서도 원가는 100원이라고 주장을 하는 실무자도 만나 봤다.

이런 이야기를 하는 이유는 원가를 제대로 이해를 못하고 있기 때문이다. 원가는 회사마다 환경이나 급여 수준 등이 다르고 생산 방식이나 설비 등이 다르기 때문에 그에 따른 원가 차이가 발생하게 된다. 따라서 회사마다 원가 차이가 발생하는 것이 아주 정상적인 이야기라는 의미이다. 주어진 회계 기준에 의하여 처리하는 재무회계와 비교하여 회사 내부 판단 요소가 많이 반영되는 것이 원가 관리이다. 그래서 실제 많은 회사들은 처음에는 재무회계를 경험하게 하고 원가 관리를 주로 맡기기도 한다.

사실 내부 의사 결정권자에게 가장 큰 영향을 주는 것은 재무회계 요소보다는 원가 관리이기 때문에 원가 관리는 회사가 좀 더 신경을 써야 하는 분야이다. 흔한 이야기가 앞으로 남고 뒤로 밑지는 장사라고 말하는 경우가 많이 있다. 원가 관리에 소홀하면 자칫 이런 우를 범하기 쉽다.

이와 관련된 이야기를 하나 하면 모 회사를 다닐 때 그 회사 매출의 대표적인 제품에 대한 개별손익이 적자로 전환되자 그 회사 사장님이 전 부문 관리자를 불러모아 긴급 손익 관련 회의를 했다. 이때 재경팀에서 원가 분석 자료를 발표하면서 손실 원인을 판가 대비 원가 상승을 원인으로 이야기하니 그때 사장님 말씀이 "본인이 이 사업을 10년 넘게 했는데 원가가 저리 높지 않다. 자기 감으로는 저럴 수가 없으니 원가 계산이 잘못된 거다. 다시 원가 계산을 해봐라."라고 사장님 머릿속에 예전부터 기억하고 있었던 과거 원가가 맞으니 지금의 원가는 계산이 잘못됐다며 원가 계산을 다시 해보라는 것이다. 그 말을 남기고 사장님은 나가시고 재경팀은 머리가 하얘지고 무엇을 어찌해야 할지를 판단을 못 내리고 회의실에 한참 그대로 앉아 있었던 것이 기억난다.

세상에서 가장 무서운 말이 내가 그것을 잘 아는데 내 경험상 그럴 일이 절대 있을 수 없다는 말이 원가를 담당하는 사람에게 가장 무서운 말이다. 시간이 흘러감에 따라 경제 발전으로 물가도 인상하고 인건비가 상승하고 재료비가 상승한다. 이 모든 비용이 상승하면 생산성이 엄청나게 향상되지 않는 한 원가는 높아질 수밖에 없다. 그런데 많은 사장님들은 본인이 믿고 있었던 경험, 이 제품은 이익이 많이 나는 우리 회사 효자 제품이야, 하는 그 경험을 포기하지 못하고 계신다. 그분들은 원가에 대한 이해를 필요로 하는데 그런 이야기조차 들으려 하지 않으니 걱정이 되는 경우가 많다.

이런 분들을 위해 하나의 사례를 들어보도록 하겠다. 우리가 잘 아는 초코파이 관련된 이야기이다. "초코파이는 더 이상 효자상품이 아니다." 95년 9월 그룹 회장은 미국 컨설팅 업체 마스(MARS & CO)로부터 이런 보고를 받고 자신의 귀를 의심했다고 한다. 자신의 대표 브랜드 "XXX 초코파이"가 제품별 영업이익에서 평균에 못 미친다는 것이다. 껌의 영업이익률이 13%로 가장 높고, 캔디(12%), 초콜릿(8.3%), 평균영업이익률은(5.3%), 비스킷(4.8%), 파이(4%), 스낵(-2.0%) 순으로 나타났다. 껌이나 캔디 등은 시장 점유율이 낮아 천덕꾸러기 취급을 받던 품목들이었다. 더욱 스낵 제품은 팔수록 손해라는 지적도 믿어지지 않았다. 회사는 수년간 효자 품목과 불효자 품목을 거꾸로 알고 대접해 온 것이다. 이런 결과는 개별 제품에 대한 원가를 좀 더 합리적으로 산출하는 노력으로 밝혀진 것이다.

위 두 가지 사례의 공통점은 막연히 어떤 과거의 경험이나 자신의 주관적인 느낌의 판단이 아닌 보다 정확한 숫자를 기반으로 하는 의사 결정이 필요하다는 것을 보여준다. 보다 합리적이고 정확한 숫자 기반의 분석을 위해 원가를 이해하여야 한다. 원가를 이야기할 때 보통 많은 사람들이 하는 말이 정확한 원가를 이야기한다. 특히 대다수의 중소기업 대표이사 분들은 엔지니어에서 창업을 하신 분들이 많다 보니 더더욱 정확한 원가라는 것에 대하여 더 깊게 생각하시는 것 같다. 그러나 필자는 감히 말하고자 한다. 세상에 정확한 원가는 없다고, 단지 가장 합리적인 원가만이 있을 뿐이라고. 정확한 원가는 신만이 안다고 할 수 있다. 즉 정확한 원가를 산출하려 하지 말고 가장 합리적인 원가를 산출하기 위한 접근법이 더 맞다고 생각한다는 것이다. 원가 관리의 기본은 원가 계산이고 원가 계산은 배부인 것이다. 뒤에서 설명하겠지만 비용의 배부는 원가 계산을 하는 데 기본 작업이다. 문제는 정확한 배부 기준이 없다는 것이다. 여기서 정확하다는 것은 계산이 틀리다는 것이 아니다. 계산은 정확한데 배부 기준이 정말 그 기준을 적용하는 것이 정확하냐는 판단이다.

이게 정해진 정확한 기준이나 명확한 기준이 아니기 때문에 비용의 성격에 따라 가장 합리적인 배부 기준을 적용하게 되므로 정확한 원가가 아닌 가장 합리적인 원가 계산이 이루어진다는 것이다. 어떤 비용에 대하여 어떤 회사는 인원수로 배부하기도 하고, 또 어떤 회사는 매출액으로 배부하기도 하고, 또 어떤 회사는 사용면적으로 배부를 하기도 한다. 회사의 상황이나 환경에 따라 배부를 하게 되어 동일한 금액이라도 각각의 제품에 반영되는 비용은 다르게 나타난다.

그러므로 이 책을 읽으신 분들은 정확한 원가라는 생각이 아닌 우리 회사에 맞는 가장 합리적인 원가를 계산하려고 하는 것이 회사에 실질적인 도움이 되지 않을까 생각한다. 원가 계산은 또한 회사의 각 제품 제조 공정 그리고 각 설비의 운용 등 현장의 많은 요소를 알아야만 합리적인 원가를 산출할 수 있다. 그래서 사실 원가 계산 담당자는 회계 전문 담당자보다 생산관리 담당자가 기본적인 회계 지식을 가지고 있다면 더욱더 합리적인 원가를 계산할 수 있다고 생각한다. 회계 전공 담당자는 현장을 잘 이해 못 하고 현장을 잘 이해하는 담당자는 회계를 잘 이해하지 못하는 서로의 단점이 있는데 생산 담당자가 원가를 이해하고 계산하는 것이 더 경쟁력이 있다고 필자는 생각한다.

이유는 원가 계산 이후에 원가에 대한 분석을 할 때나 현장의 경험이나 원가를 결정하는 요인이 다 생산현장에 있기 때문이다. 재고자산 관리나 생산실적 관리 아울러 생산성 및 불량 관리 등에 대한 자료나 원인에 대하여 가장 잘 알고 있는 부서가 생산 관리이기 때문이다. 원가를 계산하면 내용이 복잡하고 어렵다는 생각들을 많이 가지고 계신다. 그런데 내용을 보면 이것을 수작업으로 계산할 때는 정말 귀찮고 힘든 작업이었는데 전산화가 되면서 원가 계산은 이제 정말 쉬운 일이다.

원가 계산에서 어려운 일은 정작 의사 결정과 분석이다. 원가 계산 결과를 기초로 하여 제품에 대한 손익을 관리하여 그 제품에 대한 계속 생산 또는 생산 중단 등 의사 결정을 내려야 하는 것이고 이를 위해서는 원가 계산 이후 원가 계산된 것에 대한 분석을 통해 개별 제품에 대한 손익 정보를 정확히 알아야 의사 결정 오류를 최소화하기 때문이다.

자, 그럼 천천히 원가라는 양파를 한 껍질씩 벗겨보자. 보통 재료비, 노무비, 경비를 원가의 3요소라 한다. 재료비는 제품을 생산하는 데 필요한 원재료의 비용이다. 재료비는 단순 완제품 하나 만드는 데 들어간 비용이 아닌 불량률을 반영하고 자연 손실될 것을 반영해서 재료비를 구하게 된다. 즉 단위당 재료비를 산정하기 위해서는 단위당 소요량과 자연 로스율 그리고 불량률을 감안한 BOM 구성을 해서 재료비를 산정하는 것이다. 보통 생산을 하게 되면 생산된 제품의 관리를 위하여 작업지시서 번호나 LOT 관리를 활용하여 공정별 생산량과 불량 등을 관리한다.

기본 작업단위별 완성품 목표량이 있을 경우 불량이 많이 발생하게 되어 추가로 원재료가 투입하게 되면 이때 불량 처리된 제품의 재료비도 모두 양품 생산된 제품에 재료비를 추가로 반영하여 재료비를 집계한다. 통상 회사마다 BOM(Bill of Material)이라는 자재 명세서가 있으며 이를 바탕으로 재료비가 계산된다고 보면 된다. 즉 BOM은 상위 품목과 하위 부품과의 관계와 사용량, 단위 등을 표시한 것으로 이를 기준으로 재료비가 산정되는 것이다. 이런 BOM상 재료비에는 원재료의 자연 손실분을 감안하여 반영한 단위당 재료비를 산정하게 된다. 여기에 실제 생산공정에서의 불량으로 추가 투입되는 재료에 대한 비용을 완성품 재료비에 추가하여 실제 제품 생산에 소요된 재료비를 구하게 된다. 처음 BOM이 작성된 이후 생산성이 올라가 원재료나 부재료 사용량이 줄어들었다면 BOM을 수정해 주어야 한다. 이런 BOM은 원가 계산 시 재료비 계산에 있어 정말 중요한 기초가 되기 때문에 회사는 BOM에 대한 관리에 집중하여야 한다.

제품을 생산하기 위한 원가에는 원재료도 필요하지만 인건비와 기타 일반 경비가 발생한다. 보통 생산을 위해 필요한 경비를 제조 경비라 말하며 제조 경비 중 사람의 인건비 관련한 비용은 노무비라고 분류하여 집계한다. 노무비에는 급여나 임금, 상여금, 퇴직금 등이 포함된다. 재료비와 노무비를 제외한 비용은 경비로 분류하여 비용을 집계한다. 통상 원가를 계산한다는 말은 보통은 제품 제조 원가를 말하며 원가에서 말하는 재료비, 노무비, 경비 등은 제조 경비를 말한다.

제조 경비는 총 투입비용이라 생각하면 되고 총 투입비용이 각 개별 제품의 공정별 배부와 집계에 의하여 제품 완성 단계에서 합쳐진 금액이 원가라 할 수 있다. 즉 발생한 제조 경비가 바로 원가를 말하는 것이 아닌 제조 경비를 각각의 개별 제품에 배부해 개별 제품 제조 비용을 원가라고 하는 것이다. 제조 경비는 제조활동의 필요에 의해서 발생한 비용을 말하며 영업이나 일반 관리를 위해서 발생한 비용은 판매비 및 일반관리비라고 분류한다.

어떤 회사가 본사와 제조 공상이 별도로 위치하고 있다면 본사 관련 발생 비용은 판매비와 일반 관리비로 집계되고 공장에서 발생하는 비용은 제조 비용으로 구분된다. 예로 본사에도 인사팀이 있고 공장에도 공장 관련 인원관리를 위한 인사팀이 있다면 본사 인사팀 비용은 판매비와 일반관리비로 보아야 하고 공장 인사팀 비용은 제조 경비로 보아야 한다는 것이다. 본사와 공장이 한 곳에 위치하면서 운영을 하고 있다면 그때에는 부서의 업무 특성을 고려하여 제조경비 적용 여부를 판단하여야 한다. 이렇게 원가 3요소를 이해한 다음 원가 관련된 몇 가지 용어를 이해하면 원가의 반은 잡고 간다고 생각하면 된다. 원가 회계 하면 많이 나오는 용어는 임률, 배부, 평균단가, 수불관리, 직접비와 간접비, 고정비와 변동비, 표준원가와 실제원가 등이다.

먼저 임률부터 알아보도록 하자. 임률이라는 것을 이해하기 위해서는 공수(工數)가 무엇인지 아는 것이 중요하다. 공수란 일정한 작업에 필요한 인원수를 노동시간 또는 노동일로 나타내는 개념으로, 즉 어떤 작업에 2명의 인원이 8시간의 노동시간이 필요하다면 공수는 2×8=16시간이 된다. 임률은 투입되는 원가를 공수로 나눈 값이다. 즉 인건비를 공수로 나누면 공수당 노무임률, 제조 경비를 나누면 공수당 제조 경비율이라고 한다. 통상 실무에서는 노무임률과 제조 경비율을 합쳐 임률이라고 부르기도 한다.

즉 이런 임률을 구하기 위해 기초가 되는 공수는

(1) 출근공수: 근무자가 출근해서 퇴근할 때까지의 공수
(2) 작업공수: 근무자가 작업장에 투입된 공수
(3) 작업장 미투입 공수: 휴식시간, 교육 참석, 지각, 조퇴 등의 원인으로 인하여 작업장에 미투입된 공수
(4) 실작업공수: 근무자가 실제 제조 작업을 하는 공수
(5) 대기작업공수: 기계 수선, 공구의 검사, 정전 등으

로 근무자의 책임이 아닌 원인에 의하여 작업이 이루어지지 않는 공수

(6) 직접 작업공수: 제품 제조에 직접 투여하는 공수
(7) 간접 작업공수: 제품 제조에 직접 투여되지 않는 작업공수
(8) 준비공수: 직접 작업을 하기 위한 준비 공수
(9) 가공공수: 실제 제품 가공에 투입되는 공수로 세분화해서 관리할 수 있다.

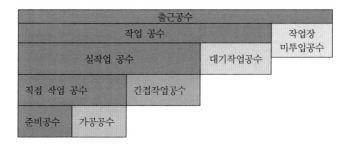

참고로 공수 개념을 이해하기 쉽게 그림을 그려 보았다. 어떤 회사는 기계 공수를 기반으로 임률을 산정하는 경우도 있고, 작업자의 출근 공수를 기반으로 하는 등 회사마다 합리적인 방법을 선택하여 적용이 가능하다. 즉 회사에서 발생한 제조 경비를 출근 공수로 나누면 회사의 임률을 간단히 구할 수 있다. 임률은 또한 새로운 제품에 대한 견적을 내기 위한 견적원가 산출에도 요긴하

게 활용될 수 있다. 신제품에 대한 견적원가 산출할 때 제품 생산 공수만 나오면 그 시간에 임률을 곱하면 견적 원가 산출을 할 수 있다.

임률을 가지고 제조원가를 산출한 후에 회사의 평균 판관비율 그리고 목표하는 영업이익률을 합치면 회사에서 새로이 생산하는 제품의 견적 원가가 산출된다.

조업도

기업의 최대 생산 규모의 몇 %를 현재 생산에 운영하고 있는가를 나타내는 것으로, 조업도가 80%라고 하면 이는 회사가 가지고 있는 현재 자원의 최대로 생산할 수 있는 총생산의 80%를 생산하고 있음을 나타낸다. 낮은 조업도는 일반적으로 손실 또는 작은 이익으로 직결되는 경우가 대부분이며, 높은 조업도는 높은 이익과 직결된다. 조업도가 일시적으로 낮아질 수는 있지만 낮은 조업도를 계속 유지하고 있다면 회사는 과대 생산 능력을 보유하고 있는 것으로 시장에 대한 수요 예측을 너무 적극적인 기대감을 가지고 투자하여 생산설비를 갖추었다는 것이고 이러한 것에 대한 결과는 회사 손익을 악화시키는 결과를 초래한다.

생산설비 투자 경향을 보면 영업은 긍정적인 목표를 이야기하게 되고 생산은 그런 영업에 차질이라도 생기게 되는 경우 책임을 면하기 위하여 여유로운 설비 투자를 계획하는 경우가 많다. 이런 경우가 자칫 회사가 과대 생산 설비를 갖추는 이유가 된다고 할 수 있다.

또한 조업도가 낮으면 고정비에 대한 희석 효과가 발생하지 않아 이 또한 원가 상승의 원인이 되기도 한다. 따라서 조업도 관리를 잘 하는 것이 원가 절감의 하나의 방법이기도 하다. 조업도 관리는 영업의 판매 예측부터 시작하여 각각의 설비 생산 능력까지를 정확히 분석하는 것이 필요하다. 조업도가 낮다는 것은 생산량이 떨어진다는 것이므로 규모의 경제 개념으로 볼 때 고정비 희석 효과가 감소하게 되어 회사 손익에 좋지 않다는 의미이다.

배부

원가는 배부가 핵심이다. 정확한 원가가 아닌 합리적인 원가 산출이 원가 계산의 목표라는 이야기는 이 배부에 따라서 개별 원가가 변하기 때문이다. 따라서 배부에서 정확한 배부라는 말보다는 합리적인 배부를 하는 것이 맞는다는 의미에서 합리적인 원가 계산이라 말하는 것이다. 배부는 개별 제품에 직접 투입되는 재료비를 제외하고는 제조경비 모든 영역에서 적용된다는 것을 이해하여야 한다. 아무리 제품에 직접 관련된 직접비라고 해도 각 제품별로는 배부하여야 개별 원가 산출을 할 수 있기 때문에 원가는 배부로 시작해서 배부로 마무리된다고 보면 된다.

합리적인 배부를 하기 위해서 필요한 것이 배부 기준을 설정하는 것이다. 비용의 배부 기준은 각 계정항목 특징, 생산 공정의 특징 등을 종합적으로 검토하여 기준을 정한다. 원가는 정확한 원가라는 표현보다는 가장 합리적인 원가를 찾는 과정이라고 앞에서 이야기했듯이 배부기준을 어떻게 하느냐가 각 회사에 맞는 가장 합리적인 원가를 계산할 수 있다. 같은 경비를 가지고 같은 생산공정으로 생산을 하더라도 개별 원가는 배부 기준 적용에 따라 차이가 생길 수 있기 때문이다. 배부 기준으로는 인원수, 건물 연면적, 매출액, 설비보유대수, 기계작업시간 등 다양한 조건을 배부 기준 항목으로 사용할 수 있다. 배부기준이 정해졌다면 배부 기준에 적용하는 자료 관리가 중요하고 그 기준 자료를 어떤 기준을 가지고 적용할지도 중요한 요소이다. 즉 인원수나 매출액 등의 자료는 변동이 생길 수 있기 때문에 3개월 평균이나 6개월 평균 등 나름의 적용 기준을 설정하여야 한다는 것이다. 이러한 배부 기준의 결정은 원가 담당부서에서 일방적으로 정하기보다는 생산부서와 협의를 통하여 정하는 것이 좀 더 합리적일 것이라 생각한다. 합리적인 원가를 산출하기 위해서는 다시 한번 강조하지만 배부 기준이 합리적이어야 한다는 것을 잊지 말자.

평균단가

재고를 평가할 때 적용하는 단가 개념이다. 앞서서 이야기한 당월 또는 당기 제품제조원가는 전월 또는 전기와 같지 않다. 따라서 똑같은 제품인데 전월 또는 전기에 만든 제품과 당월 또는 당기에 만든 제품 제조 원가가 다를 수밖에 없다. 그런데 제품은 동일한 제품이므로 각 제품마다 만든 시기의 원가를 적용해서 관리하기는 쉽지 않다. 즉 재고자산은 전월 재고 금액과 당월 생산 금액이 다르기 때문에 그것을 평균하는 금액으로 나타내는데 이를 평균단가라 한다. 평균단가는 기초 재고 금액과 당기 입고 금액의 합을 기초 재고 수량과 당기입고 수량으로 나눈 단가이다.

수식으로 표현하면

평균단가=(기초재고금액+당기입고금액)/
(기초재고수량+당기입고수량)

평균단가의 적용은 완성품 평가에 이용할 뿐 아니라 원자재 평가도 평균단가를 적용하여 평가한다. 앞에서 이야기한 유상 사급에 대한 처리 시의 평균단가가 바로 이 평균단가를 이야기하는 것이다. 평균법은 재고자산의 평가 방법으로 총평균법이나 이동평균법을 사용할 때 사용하는 개념이다. 여기서 그러면 재고자산의 평가 방법에 대해 좀 더 자세히 알아보고 넘어가면 좋을 듯싶다. 먼저 재고자산을 평가하려면 재고자산의 수량을 먼저 결정해야 한다. 즉 재고자산의 평가는 아주 단순하게 생각하면 수량에 단가를 곱하는 것이다. 그렇다면 재고자산의 평가요소는 간단히 2가지 요소로 결정된다는 것을 알 수 있다.

수량과 단가라는 두 가지 중 먼저 수량에 대해서 살펴보도록 하고 그다음은 앞에 설명하였던 평균단가와 연계해서 단가에 대한 설명을 하도록 하겠다. 재고자산의 수량 결정 방법은 실사법(실지재고조사법)과 계속기록법이 있다.

실지재고조사법은 결산일에 현장에 있는 실물 재고 수량을 파악하는 방법으로 매입 수량만 관리하고 기말 실사된 재고 수량으로 재고 수량을 확정하는 방법이다. 실지재고조사법은 매입 수량만 기록하고 중간의 출하 수량 등에 대한 관리는 하지 않고 기말에 실지재고 조사를 통해 재고만 확정 후 나머지는 다 매출원가로 처리하는 방식이다. 장부 정리가 간편하고 외부 보고 목적에는 충실한 장점이 있지만 내부통제 목적에는 적합지 않은 단점을 가진 수량 결정 방법이다. 계속기록법에 비하여 재고

자산의 입고 및 출고에 대한 자세한 변동 사항을 알 수 없어 실제 내부 통제 목적에서 재고자산의 변동 사항을 보기에는 단점이 있다.

계속기록법은 입고 수량과 실제로 판매되는 수량 등의 변동 사항을 매번 직접 기록하는 방법으로 내부 관리 목적으로는 적합하나 외부 보고 목적으로는 부적합한 단점과 장부 관리가 번거롭다는 단점이 있는 수량 결정 방법이다.

그러나 요즘은 전산의 발달을 통해 두 가지 혼합 방법을 사용하고 있다. 즉 매번 재고 자산의 변동을 기록하고 기말에 실지재고조사법으로 외부 회계인의 참관하에 실지재고 조사를 하여 재고 수량을 확정한다. 이런 재고 수량을 관리하기 위하여 회사에서 사용하는 재고자산 입고와 출고를 통틀어서 수불이라고 하고 그런 장부를 수불부라고 한다. 통상 원재료 수불장, 재공품 수불장, 제품 수불장이라고 부르고 있다. 수불부의 관리는 자재의 입고와 출고 내역을 세분화하여 관리한다면 자재의 관리를 좀 더 효과적으로 할 수 있다. 원자재불량, 생산불량, 견본 제출, 품질시험 등의 본연의 출고 목적이 아닌 기타 출고 관리는 원가 계산에 있어서 중요하다. 보통 원자재가 불량인 경우는 구매처에 반품이나 손실 보상을 청구할 수 있으며 이때 수입검사에서 발견된 경우라 하면 회사 수불부에는 반영되지 않은 경우이므로 이때에는 회사 재고로 인식하지 않게 되지만 생산 중 원자재 불량이라면 이미 수불부에 기록된 회사 재고이므로 반품 처리 등 전산 수불 조정 작업을 하여야 한다. 견본 제출이나 공정 품질 검사 등으로 출고가 이루어진 수량에 대하여는 견본비 또는 시험비로 계정처리 하는 것이 올바른 재고 수불 관리라고 할 수 있다.

보통의 회사 수불부는 원재료부터 완성된 제품까지의 수불 관리는 잘 되어 있는데 무상 사급에 대한 외주 처리가 있는 수불에 대한 수불부 관리는 조금 소홀히 하는 것을 많이 보아왔다. 무상사급이라면 협력업체에 나가 있는 재고도 우리 회사의 재고이므로 이런 것에 대하여도 수불부가 필요하다. 각각의 협력업체를 하나의 창고 개념으로 인식하고 관리하다면 어렵지 않게 관리가 될 것이다. 즉 외주창고라는 개념을 두고 각각의 외주처와 제품별 코드로 수량 관리가 필요하다.

요즘은 많은 회사들이 인건비 절감을 위해 생산기지를 인건비가 싼 외국으로 이전하는 전략을 많이 적용하고 있다. 해외 생산 법인과의 거래를 보면 유상 거래 방식보다는 임가공 방식을 선택하는 경우도 있는데 이때 정상적인 무역거래를 통한 대금을 주고받는 방식이 아닌 임가공비만 주는 방식이라면 해외 법인에서 생산하고 있는 재고 자산도 본사의 재고 자산이므로 재고 자산 수불부를 별도로 만들어 재고의 입출입을 관리하여야 한다. 현실적으로는 전산의 발달로 실지재고조사법과 계속기록법을 혼용한 방식이 현업에서는 사용되고 있다.

즉 ERP를 통한 전산 재고 관리를 통한 수량을 관리하고 실지 재고 조사를 통하여 재고 수량을 확정하는 방식이 사용되고 있다. 보통 실지재고 조사는 일 년에 두 번 6월 말과 12월 말에 실시하고 있으며 이때 외부회계 감사 기관의 회계사가 직접 실사를 하여 재고 수량에 대한 검증을 진행한다.

이렇게 재고 자산에 대한 수량이 확정이 되면 각 재고 단가를 적용하여 재고자산 금액이 확정이 되는데 기본 원칙은 취득원가를 가지고 평가하는 것이 가장 좋으나 현실적으로 쉽지 않은 것이 현실이다.

재고 자산의 평가를 위한 단가 결정 방법은 몇 가지가 있다. 개별법, 가중평균법, 선입선출, 후입선출법이 있다. 개별법부터 하나씩 살펴보면 개별 재고자산의 취득원가를 가지고 평가하는 것은 가장 합리적인 원가 산출에 유리하기는 하나 재고 자산이 다품종 대량인 경우는 적용하기도 힘이 들며 손익 왜곡을 할 수 있는 가능성이 있는 단점이 있다. 현업에서는 고가품의 소품종의 재고자산에 적용할 수 있는 재고자산 평가 방법으로 제조업 중심의 현장에서는 적용하기가 단점이 많다. 가중평균법은 기초 재고 자산과 회계 기간 중에 매입 또는 생산된 재고 자산의 원가를 평균하여 재고자산의 단가를 정하는 방법으로 이때의 단가를 평균단가라 한다.

가중평균법에는 총평균법과 이동평균법이 있는데 앞에서 수량 확정 방법인 실지 재고조사법에 대한 개념이 총평균법, 계속 기록법이 이동평균법이다. 즉 총평균법은 재고 자산의 구매나 생산 시점과 관계없이 평균적으로 판매한다고 가정을 하는 방식으로 한 회계 기간 동안 하나의 평균 단가를 적용하게 된다.

예를 들어서 3월 마감을 한다고 하면 1월부터 3월까지의 입고 수량과 출고 수량 그리고 3월 말 재고를 가지고 재고 자산을 평가한 후 3월 매출원가에 1월과 2월 차이분을 반영하는 방식이다. 즉 2월은 1월과 2월 합친 평균을, 3월은 1월부터 3월까지의 평균 단가를 구하는 것이다. 이에 비하여 이동평균법은 매입 시마다 매입 수량과 매입 단가를 가지고 기초 재고자산과 평균하여 단가를 구하는 방법이다. 즉 계속 기록법에 의하여 재고가 매입되는 시점마다 평균 단가를 새롭게 구하여 적용하는 방식이다.

보통 회사에서는 매입 시점으로 하기에는 관리가 너무 어려우므로 월 단위로 이동평균법을 적용하고 있다. 즉 매월 말일에 한 달 마감한 재고자산의 매입 수량과 매입 금액을 가지고 월별 이동평균을 구한다는 것이다. 이것이 총평균법과 차이이다.

총평균법

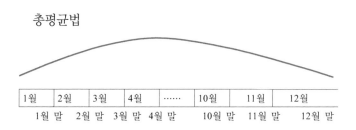

이동평균법

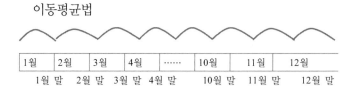

가중평균법은 개별 재고 자산에 대한 단가를 관리하기 어려운 실무에 현실적으로 적절한 방법이며, 실무적으로 적용하기도 편리하며 평균으로 하기 때문에 다른 방법에 비하여 객관적이라 할 수 있다. 재고자산 평가 방법 중 또 하나는 선입선출법(先入先出法)이다. 한자 뜻대로 먼저 입고된 재고자산이 먼저 출고된다는 의미 그대로 해석하면 된다. 실제 기업들 재고 자산 관리가 먼저 매입하거나 생산된 것을 먼저 출고하려는 경향이 많아 실제 재고자산 흐름과 일치한다고 볼 수 있는 재고자산 평가 방법으로 기말 재고 자산이 현행 원가와 가장 비슷한 금액으로 표시되는 특징이 있다. 이 재고자산 평가 방법은 계속 기록법을 바탕으로 사용할 수 있다.

이에 반대 개념이 후입선출법(後入先出法)이다. 선입선출과 반대 개념으로 나중에 들어온 재고 자산이 먼저 출하된다는 것을 기본으로 한다. 일반적인 회사에서 후입선출 방식은 재고자산에 대한 실제 물량 흐름과 일치하지 않은 단점이 있으며 또한 재고자산에 대한 선입 재고에 대한 진부화 재고의 우려가 발생할 수 있는 단점이 있다. 이 후입선출법도 계속 기록법을 근거로 사용할 수 있는 재고자산 평가 방법이다. 선입선출과 후입선출 방법은 경우에 따라서는 매출원가를 과소 계상하거나 과대 계상하거나 하게 되어 당기 순이익을 일시적으로 왜곡시킬 수 있는 단점이 크다고 할 수 있다.

재고자산의 장부 가액은 매출로 기대되는 금액을 초과해서는 안 된다. 원가가 매출로 기대되는 금액을 초과한다는 것은 손실이 발생하는 것이기 때문이다. 재고자산이 실현할 수 있는 가치를 순실현가치라 하는데 재고자산이 손상된 경우나 오랜 시간 동안 출하가 없이 보관 중인 사유 등으로 인하여 재고 자산이 가치가 하락하였다고 판단되는 경우에는 재고자산의 가치를 감액하여야 한다. 보통 옷 가게에서 철 지난 옷을 가격을 낮추어서 판매하는 것이 가장 이해하는 데 도움이 되는 쉬운 재고자산의 가치 하락이라고 볼 수 있다. 평균 단가를 설명하면서 재고자산의 평가까지 다루다 보니 이 부분의 내용이 많아졌다. 그러나 그만큼 이 부분의 내용은 회사의 당기 순이익을 결정하는 데 중요한 부분이기에 많은 부분을 다루었다.

개별비와 공통비

비용 발생의 원천에 대하여 각 회사에는 여러 부문이 있는데 제품 생산과 직접 관련이 있는 부문에서 발생한 경비는 개별비라 하고 공통 부문에서 발생한 경비를 공통비라고 한다. 개별비와 공통비 구분은 보통은 제조경비에 대해서만 하는 것으로 생각할 수 있지만 판관비나 개발비에 대하여도 비용을 구분할 수 있다면 각 제품에 대한 손익 관리가 더 효율적이 될 것이다.

사실 원가는 개별 제품에 대한 원가가 중요하고 필요하므로 가급적 발생 비용은 개별 제품에 귀속시키는 것이 필요하다. 어떤 특정 제품으로 인한 출장 또는 소모품 등을 구매하는 경우라면 비용 정리할 때 그 비용을 그 제품에 개별 귀속시키는 것이다. 이를 위해서 회사에서는 제조경비 전표 작성 시 각각의 원가 귀속 코드를 관리하여야 하며 이를 코스트 센터라 하는 코드를 생성해서 각각의 비용 발생 시 각 비용이 해당 제품에 집계될 수 있도록 하는 것이 가장 이상적인 비용 집계 방법이다.

그러나 현실적으로 발생한 모든 비용을 다 개별비로 구분할 수 없는 것이 현실이고 그래서 공통비 발생은 필연적으로 발생하게 된다. 개별비의 관리는 수주제품의 경우라면 개별비의 집계가 더욱 필요하고 또한 쉽게 관리할 수 있는 장점이 있다. 수주 제품의 경우 각각의 수주에 대한 프로젝트가 코드 관리되며 그 프로젝트의 수가 많지 않고 명확히 프로젝트에 관여하는 인원 및 투자 설비 등에 대한 관리가 구분이 되어 있기 때문이다. 그래서 수주 제품의 경우가 개별 원가 계산을 적용하기가 장점이 있는 데 비하여 다품종 양산품의 경우가 개별 원가 계산이 복잡하고 번거로운 특징이 있다.

다품종 대량 생산의 경우는 코스트센터를 각각 개별 제품으로 구분하려면 너무 많고 방대한 코드로 인하여 관리 비용이 많이 들어가는 것 대비 효용이 적다. 그래서 다품종 대량생산의 경우는 제품의 특징별로 분류하여 몇 개의 개별 제품을 하나의 공통 제품 코드로 묶어서 관리하는 것이 좋다. 다품종 양산품의 경우는 비용 발생 성격이 공통적인 성격으로 발생하는 경우가 많기 때문에 좀 더 원가 계산이 더 복잡하고 어떤 배부 기준에 대하여 좀 더 세심히 고민을 해야 한다. 원가 계산 출발은 경비를 부문별로 집계한 후 공통 부문 경비, 즉 공통비를 각각의 개별 부문으로 배부하는 것으로부터 시작한다고 보면 된다. 즉 예를 들어서 공장 건물에 대한 수리비나 감가상각비 등은 공통 부문의 경비로 각각의 개별 부문으로 배부하여야 한다.

같은 공통비라도 전사 공통비가 있고 각각의 부문 공통비가 있다. 전사 공통비와 개별 부문의 공통비는 기본적으로 비용의 성격이 다르기 때문에 같은 배부 기준으로 배부하는 것은 비합리적인 결과를 가져오기도 한다. 원가 계산이라는 것은 공통비를 개별비로 배부하는 것만으로도 원가 계산 작업의 대부분을 마무리한 것이다. 그러므로 공통비에 대하여도 전사 공통비와 각각 부문의 공통비에 대한 특성을 알고 배부하는 것이 중요하다. 또한 개별비와 공통비 구분은 비용 성격이나 사용하는 인원의 소속 부서에 의해 구분되는 것이 아니라 비용의 사용 목적에 따라 같은 비용이더라도 개별비와 공통비로 구분된다.

그런데 개별비라 하더라도 다품종 대량생산 체제라면 개별비도 개별 제품 공통비가 되어 각각의 개별 제품으로 배부하여야 하는 성격을 가지게 된다. 아마도 다품종 대량생산 체계에서는 제품군이라고 나름 공통적인 개별 제품을 하나의 제품군으로 분류하여 개별비를 각각의 제품군으로 정리하는 것이 효과적인 방법이라고 할 수 있다. 즉 정리하자면 프로젝트별 결산이 아닌 다품종 제품의 개별비는 각각의 제품군별 집계 이후에 각각의 개별 제품에 배부된다는 것이다. 어떤 의미에서는 개별비가 마치 제품군 공통비처럼 인식될 수도 있다는 것이다.

항상 공통비, 개별비를 떠나 모든 일은 그 일의 본질을 잘 이해하면 올바른 결정을 내리는 데 도움이 된다고 생각한다. 사용한 경비에 대한 본질을 잘 생각해서 그 비용이 공통비인지 개별비인지를 결정하면 보다 합리적인 원가 산출에 한 걸음 다가갔다고 할 수 있다.

직접비와 간접비

직접비와 간접비의 차이는 생산활동에 직접 관여했느냐 아니면 간접적인 기여를 하는 것이냐에 따라서 직접비와 간접비로 구분한다. 예를 들면 생산활동에 직접 기여하는 현장 부서 비용은 직접비로, 생산관리나 자재 관리 활동을 하는 간접부서는 간접비로 구분하면 된다. 얼핏 공통비와 개별비와 같은 개념으로 보일지 모르지만 조금의 차이가 있다. 직접비라는 것은 직접 생산활동에 관여하는 사람이나 설비의 감가상각비 또는 재료비 등을 직접비라고 할 수 있다. 공통비는 직접 부문에서도 개별 제품의 비용 아닌 것은 공통비인 것이 있다. 예를 들어 생산팀에 근무하는 인원 중 생산팀장의 경우를 보면 이 사람의 급여는 직접비이면서 공통비인 것이다. 생산관리팀의 비용은 생산관리팀은 생산의 직접 관련 부서가 아닌 생산 간접 부서이므로 간접비이고 생산관리팀의 비용은 공통비로 구분하지만 생산관리팀에서 특정 비용이 개별 제품으로 인한 것이라면 간접비이면서 개별비가 되는 것이다.

즉 공통비와 개별비는 개별 제품에 비용을 귀속시킬 수 있는 것인가에 따라서 결정하고 직접비와 간접비는 직접적 생산활동에 기여하는지에 따라 결정된다. 즉 회사의 비용을 분류하는 경우 공통비와 개별비, 그리고 직접비와 간접비로 구분하면 된다. 공통비와 직접비, 개별비와 직접비 등과 같이 경비의 개념을 혼용해 구분하는 것은 비용 관리 측면에서는 크게 도움이 되지 않는다고 생각한다. 가급적 비용은 공통비보다는 개별비로 집계하려고 하고 간접비보다는 직접비로 집계되도록 비용을 관리하는 것이 좋은 방법이라 생각한다. 이런 비용의 성격을 이해한다면 원가 계산에서는 공통비와 간접비를 배부하면 되는 것이라는 것을 알 수 있을 것이다. 따라서 공통비와 간접비 비중이 커진다면 그만큼 배부 기준을 적용해서 배부해야 하는 금액이 크기 때문에 합리적인 원가 계산에 좀 더 어렵다고 할 수 있다. 물론 평소 실무적으로 관리하기는 공통비와 간접비 처리가 쉽지만 말이다.

그러나 회사의 개별 제품 원가가 중요한 것은 회사가 그 제품을 계속 생산하여야 할지를 결정하는 중요한 요소이기 때문에 가장 합리적인 원가 산출이 필요하다.

따라서 비용의 구분을 가능하다면 공통비보다는 개별비로, 간접비보다는 직접비로 세분화하여 관리하는 것이 합리적인 원가 산출을 위해 한 걸음 나아가는 방법이다.

고정비와 변동비

고정비와 변동비는 생산량에 따라 비용이 변하지 않으면 고정비, 생산량에 따라 비용이 변하면 변동비라고 한다. 재료비가 변동비의 가장 대표적인 것이다. 생산량이 많을수록 재료비는 증가하기 때문이다. 반면 건물 감가상각비는 생산량이 아무리 증가해도 금액이 변하지 않는다. 이를 고정비라 한다. 고정비와 변동비를 구분하는 이유 중 하나는 고정비 희석 효과 때문이다. 고정비 희석효과란 규모의 경제, 즉 생산이 증가할수록 원가가 떨어진다는 것으로 고정비는 생산량의 변동에 관계없이 발생하는 비용이므로 생산량이 늘어날수록 개당 고정비는 감소하게 되어 원가가 줄어들고 이익이 늘어난다는 것이다.

즉 고정비는 생산량 규모가 커질수록 개별 제품에 고정비의 배부가 작아지므로 이익이 증가한다. 간단히 이야기해서 예를 들면 위에서 건물 감가상각비가 고정비라고 했는데 그 금액이 한 달에 100만 원이라고 할 때 생산량이 100개를 생산하면 개당 고정비가 10,000원의 원가가 발생하는데 1,000개를 생산하면 1,000원만 고정비가 발행하기 때문에 원가가 낮아져서 이익이 커진다는 의미이다. 이를 고정비 희석효과라고 하기도 한다.

또한 고정비와 변동비를 관리하는 이유는 회사의 손익분기점을 계산하는 데 필요한 중요한 요소이기 때문이다. 손익분기점 흔히 말하는 BEP(Break Even Point)로서 일정기간 수익과 비용이 같아 이익도 손실도 발생하지 않는 매출액을 말한다. 이런 손익분기점은 경영 의사 결정에 중요한 판단 요소이다. 이런 손익분기점을 구하기 위해서는 회사에서 발생한 경비를 고정비와 변동비로 구분하여야 관리해야만 손익분기점을 구할 수 있다. 손익분기점은 아래와 같은 공식으로 계산한다.

손익분기점=고정비/(1-변동비/매출액)으로 구한다.

이렇게 손익분기점, 즉 이익도 아니고 손실도 아닌 매출액을 안다면 회사는 현재 회사의 규모나 운영을 할 때 최소한 매출액이 얼마는 달성해야 한다는 것을 알 수 있게 된다. 손익분기점 매출액보다 현재 매출액이 적다면 비용을 절감하거나 매출액을 증가시켜야 한다. 비용 절감을 통한 손익분기점을 관리하는 방법보다는 매출 증가로 인한 손익분기점을 관리하는 것이 경쟁력 있는 것이니 영업 상황을 항상 예의 주시하여야 한다. 그런데 이 손익분기점을 구하는 데 큰 영향을 주는 것이 고정비와 변동비이므로 고정비와 변동비에 대한 개념을 명확히 한 후 고정비와 변동비 구분을 하여 관리를 하여야 한다.

손익분기점 관리를 하게 되면 예상 매출액에 대한 영업이익도 예측이 가능하여 경영 의사 결정에 도움을 받을 수 있다. 예상 매출액에서 손익분기점을 뺀 매출액에서 변동비율을 제외하면 그 금액이 예상 영업이익이 된다. 이미 고정비는 반영되었기 때문에 차액이 영업이익이 되는 것이다. 만일 예상한 영업이익과 실제 계산한 영업이익과 차이가 발생하였다면 그에 대한 원인 분석이 반드시 필요한 일이며 아마도 예상치 못한 변수가 발생했을 가능성이 매우 높다.

표준원가 대 실제원가

원가 계산 방법으로 표준원가와 실제원가가 있다. 표준원가는 모든 원가 요소, 즉 재료비, 노무비, 경비 등에 대하여 사전 설정된 표준원가를 가지고 원가를 계산하는 방식이다. 이에 대하여 실제 원가는 실제로 발생된 생산 자료와 경비를 가지고 원가를 계산하는 방식이다.

원가 계산은 신속하고 빠른 의사 결정을 위해서 경영 실적에 대한 결과가 빨리 나와야 한다. 그러나 과거에는 실제 원가 결산을 하게 되는 경우 시간이 많이 소요되기 때문에 전월 실적을 빨리 확인하기 위하여 표준원가를 사용하는 경우가 많았다. 표준원가 방식은 사전 정해진 표준원가를 활용하기 때문에 실제 원가를 계산할 때보다 시간이 빠르다는 장점이 있다. 또한 실제 원가와의 차이 분석을 통하여 원가를 관리할 수 있는 장점이 있는 원가 계산 방법이다. 실제원가는 시간은 걸리지만 실제 생산자료를 집계한 후 모든 발생경비를 배부하여 실제 해당 제품의 원가를 계산하는 방식으로 표준원가보다는 더 실제 생산 상황이 반영된다는 장점이 있다.

표준원가는 실제 원가를 가지고 표준으로 정하는데 직전 3개월 평균원가나 직전 6개월 평균원가를 표준원가로 정하여 사용하기 때문에 과거 실제원가가 표준원가로 활용되어 표준원가라 해서 실제원가와 완전 동떨어진 원가는 아닌 것이다. 그러나 현재 ERP 발달로 인하여 예전 과거보다 실제 원가 작업이 빨라졌기 때문에 표준원가가 가지고 있던 장점이 사라졌다고 할 수 있다. ERP를 사용하는 회사는 실제 원가 계산을 활용하는 것이 바람직하다.

참고로 실무에서는 제품제조원가와 제품매출원가를 사용한다. 제품제조원가는 해당기간에 생산한 제품을 만드는 데 들어간 원가이다. 이 제품제조원가를 계산하는 것이 제조원가명세서라고 불리며 공인된 재무제표에는 없지만 제조업에서는 재무제표에 버금가는 중요한 명세서라고 할 수 있다. 당기제품제조원가는 제품 창고에 입고

되는 제품의 금액으로서 제품을 생산하는 데 발생한 원가의 합이다. 이에 비하여 제품 매출 원가는 제품 창고에서 출고되는 제품의 금액이다.

즉 당기제품제조원가는 제품창고에 당기에 입고되는 제품 금액이고 당기제품매출원가는 제품창고에서 출고되는 금액이다.

아래의 재고자산 흐름을 보면 좀 더 이해가 쉽지 않을까 생각한다.

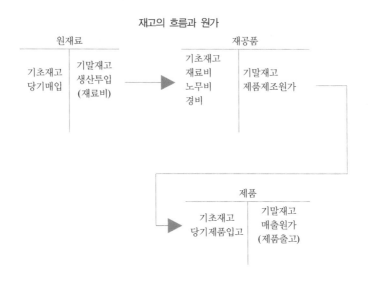

재고의 흐름과 원가

위에서 보는 것과 같이 원재료가 투입되면 재료비가 되어 재공품으로 계정이 변경된다. 원재료는 외부로부터 구매를 하는 당기 매입분이 입고로 표시된다. 원재료 매입분이 재료비가 되는 것이 아니고 전기 기초 원재료 재고와 당기 매입 원재료를 합친 재고자산금액에서 생산을 목적으로 원자재 창고에서 출고된 것이 재료비이다. 출고된 재료비는 당월에 발생한 노무비와 경비와 같이 합해져서 당기 재공품 입고 금액이 된다.

재공품은 생산 중에 있는 것이므로 작업자의 급여와 감가상각비, 전력비 등 제조경비가 포함된다. 원재료 투입은 BOM(Bill of material)을 기반으로 투입량을 산출한다. 통상 월 경비 마감을 한 후 집계된 제조경비(재료비, 노무비, 경비)가 재공품의 입고액이 된다. 원재료와 마찬가지로 전기 이월되어 넘어온 재고에 당기 투입 비용을 더한 재공품 총액에서 완성된 제품 금액을 제외하면 기말 재공품 재고가 된다.

재공품 중 완성된 재공품이 제품인 것이므로 완성된 재공품은 완제품 입고 창고에서 입고를 처리하면 재공품에서 제품으로 계정이 변경되는 것이다. 이때 완성된 제품의 원가가 제품제조원가이다. 제조원가는 제조원가명세서상 맨 하단에 표시되며 손익계산서 매출원가 항목 표시할 때 당기 입고 금액으로 표시된다. 기초제품 재고에 제품제조원가의 제품 입고 금액을 합하면 제품 총액이 되고 출하된 제품을 제외하면 기말제품재고가 된다. 이를 재무제표가 정확하게 작성되었는지를 확인하는 방법으로는 제조원가명세상의 재공품 재고 금액과 재무상태표상의 재공품 재고 금액이 맞는지, 그리고 제조원가명세서상의 제품제조원가가 손익계산서의 제품입고금액과 맞는지를 확인해 보면 재무제표가 올바르게 작성되었는지를 파악할 수 있다.

이렇듯 재무제표는 재고와 원가 등에 대한 내용이 서로 검증할 수 있도록 작성된다. 손익계산서상의 매출원가 표시 부분을 보면 당기제품 입고 금액과 매출원가 그리고 제품재고 금액이 표시되어 있는데 매출원가는 당기 제품 출고 금액이며, 기초 제품 재고 금액과 당기제품 입고금액에서 기말 재고 평가금액을 제외한 금액이 매출원가로 표시된다. 제품재고를 평가할 때 나오는 중요한 단어가 있는데 그게 앞 장에서 설명한 평균 단가라는 것이다. 제품제조원가와 매출원가와의 차이는 두 개 다 제품 수불장에 표시되고 하나는 당기 제품 입고 금액이고 하나는 당기 출고 금액인데 기초 재고 금액이 있어 제품입고 금액과 출고 금액이 다르게 표시되게 된다.

제품제조원가는 실제 원가를 기준으로 계산된 당월 제품 원가를 적용한다. 그러나 출하 시 제품 창고에는 지난 달 재고 수량이 포함되어 있는데 그것의 단가가 당월의 제품 입고 단가와 다르다. 전월에 계산된 제품제조원가와 당월 제품제조원가는 같지 않기 때문에 기말 제품 재고를 평가할 때에 평균단가를 계산해서 출고할 때 적용한다.

$$평균단가 = \frac{(기초\ 제품\ 재고\ 금액+당기\ 제품\ 입고\ 금액)}{(기초\ 제품\ 재고\ 수량+당기\ 제품\ 입고\ 수량)}$$

  평균단가의 적용은 재고 금액을 확정하는 데 있어서 매우 중요하다. 원재료상에서 재료비로 투입될 때도 평균단가를 적용하여 재료비를 산정한다. 모든 재고 자산은 기초 재고와 당월 입고가 발생하게 되어 평균단가를 활용한 평가 방법을 사용한다.

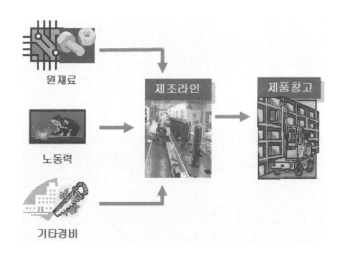

  평균단가를 계산하기 위하여 두 가지 요소, 즉 금액과 수량이 필요한데 재고 수량에 대한 객관성을 보장하기 위하여 1년에 2회에 걸쳐 재고자산 실사를 진행한다. 이

러한 재고자산 실사 또한 크게는 회사의 재무제표에 대한 객관성을, 작게는 원가계산의 정확성에 대한 객관성을 증명하는 중요한 절차이다. 그러나 현업에서는 재고자산 수량에 대한 실사를 조금은 소홀히 생각하고 있는 경우가 있다. 현업은 오직 영업에서 출하를 위한 재고 수량 관리에만 관심을 기울이고 회사가 가지고 있는 전체 재고자산 수량에 대하여는 관리를 소홀히 하는 경우가 많다는 것이다.

자칫 회사에서는 정상 재고라 인식하고 있는 판매할 수 없는 부실 재고 자산 또는 오랫동안 팔리지 않고 있는 재고 자산이 있지만 현업에서는 생산과 출하에 집중하고 있다면 이런 부실재고 자산 관리를 놓치는 경우가 많다는 의미이다.

따라서 이런 재고 자산에 대하여는 재고 실사를 통하여 정상 재고와 부실 재고를 관리하는 아주 중요한 절차를 재경 부문을 제외하고는 이를 굉장히 소홀히 여기고 있는 것이 현실이다. 재고 실사는 외부 감사 기관인 회계법인에서도 굉장히 중요시하는 절차이다. 현업에서는 현장 상황만을 생각하고 형식적인 실사로 대체하려고 하는 생각을 가진 경우가 많은데 재고 실사에 대한 부실은 자칫 회사에 엄청난 문제를 일으킬 수도 있으니 좀 더 재고 실사에 대한 중요성을 인식하고 재고 실사에 경영진이 관심을 갖고 관리하는 것이 매우 중요하다.

재고 실사는 6월 말과 12월 말 기준으로 재고자산의 실물 재고에 대한 실제 조사를 하는 절차이다. 재고 실사 때 기본 원칙은 생산 라인 가동을 중지하고 미사용한 재고 자산에 대하여는 앞 공정으로 환입 처리하여 실사를 진행하여야 하며, 이때 실사 요원은 그 재고자산을 관리하는 부서원이 아닌 다른 이해관계가 없는 사람을 실사 요원으로 하여 전산에서의 실사 재고 리스트를 가지고 회사 전체 재고 자산에 대하여 실사를 하여야 한다. 이를 진행하는 중에 외부회계감사인도 재고 실사를 병행 실시한다.

이때 재고 실사한 결과를 가지고 결산 외부 회계 감사 시 재고 자산에 대한 검증 자료로 활용된다. 이런 재고 실사 결과로 실물 재고 자산과 전산 재고 자산이 다른 경우는 원인 분석을 통하여 재고를 조정하여야 한다. 실제 재고 실사를 하게 되면 실물 장부와 장부 재고와의 차이가 발생하게 되는데 이런 재고 차이를 임의대로 조정하면 추후에 세무적으로 엄청난 어려움을 겪게 될 수 있다. 재고 자산의 폐기에 대하여 증빙이나 근거가 없는 폐기에 대하여는 세무 당국에서 대표 이상의 상여로 처분하여 과세를 할 수 있으므로 재고 폐기에 대하여는 근거와 증빙을 잘 구비해 놓아야 한다. 재고자산의 폐기는 작업

불량으로 인한 불량 재고나 반품 처리된 부실 재고에 대한 폐기 작업을 하게 되는데 이때 이런 작업에 대해서도 나중 세무조사나 외부 회계 감사를 대비하여 증빙을 잘 갖추어야 한다. 특히 세무조사 대응을 위해서는 재고자산 폐기 과정을 사진을 찍어 증빙을 남겨 두어야 한다.

즉 회사에서 폐기 재고 자산을 차에 싣는 장면과 폐기 업체에서 그 재고자산을 파쇄하는 과정을 사진으로 남겨 두어야 한다. 아울러 폐기 원인과 금액들에 대하여 내부 근거 서류를 구비해 두는 것이 필요하다.

위에서 언급했듯이 재고자산 폐기에 대하여 소홀히 하게 되는 경우 나중에 세무적인 문제가 발생하게 될 뿐 아니라 실질의 회사 자산을 폐기하게 되어 손실이 발생하는 것이므로 발생 원인 및 재발 방지에 회사 경영진은 각별한 관심을 가져야 한다. 재고 실사를 하기 위해 회사를 방문한 외부 회계법인은 금융자산 실사도 같이 병행한다. 즉 회사의 보유 현금이나 회원권 같은 실물 자산도 같이 실사를 진행한다. 보다 정확한 재고자산을 파악하기 위해서는 올바른 재고 실사가 이루어질 수 있도록 회사 경영진의 적극적인 관심이 필요하다.

이상으로 원가에 대하여 알아봤다. 원가를 이야기하면서 중요하다고 생각되는 내용은 일부 중복되더라도 다시 한번 더 설명을 하여 그것의 중요성을 다시 한번 강조하였다.

원가 계산은 이론적으로 너무 간단하고 실무적으로도 전산 ERP 개발로 인하여 간단한 작업처럼 보이기 쉽다.

예전 수작업으로 원가를 계산하던 시기에는 원가 계산이 어려웠지만 지금은 원가 계산은 조금의 회계 경험만 있는 사람이라도 아니 경험이 없는 사람이라도 ERP 절차만 따르면 원가 계산은 쉽게 이루어지는 시대이다. 현재는 계산이 중요한 시대가 아니라 원가 분석을 잘 해야 하는 시대이다. 과거에는 분석보다는 실제 원가 계산에 많은 시간이 할애되어 원가 분석이나 예측은 조금 소홀히 될 수 있었던 시대였다면 요즘은 계산보다는 분석과 예측이 더 중요하다고 할 수 있다.

그래서 설명을 하면서 중간중간에 관리에 대한 중요성을 강조한 이유이다. 알고 보면 아주 단순한 그리고 컴퓨터가 계산해 주는 단순한 결과물이라고 생각하는 것보다는 그것이 회사에 주는 메시지를 올바르게 파악하는 것이 중요하기 때문이다. 실제 ERP가 잘 활용되고 있는 회사라면 원가 계산 작업은 전산상 정해진 순서에 따라 전산을 실행하기만 하면 된다. 그러나 그 내부에 흐르는 내용을 모르고는 전산이 주는 자료를 읽기만 할 뿐 의미를 이해하거나 그 자료를 통해 무엇인가를 개선하거나 보완하는 일은 불가능하다.

단순한 계산은 전산에 맡기고 좀 더 원가를 이해하고

그 이해를 기반으로 하여 회사가 나아가야 할 방향을 찾는 데 이용할 수 있어야 비로소 원가 계산의 본연의 기능을 활용한다고 할 수 있다.

재고자산을 이야기하면서 마지막으로 하나만 더 이야기할 것이 있다. 바로 재고 자산 회전율이라는 것이다. 재고자산 회전율은 재고자산이 매출액 또는 현금성자산으로 전환하는 속도를 나타낸다고 볼 수 있다.

재고자산 회전율이 높다는 것은 그만큼 자금의 회수가 빠르다는 것이고 매입채무 등의 지급에 차질이 없는 등 회사의 자금 상황이 안정된다는 의미이다. 재고자산 회전율은 매출액을 재고자산으로 나눈 것으로 높을수록 재고자산이 현금화 되는 속도가 빠르다는 것이다. 재고자산 회전율을 구할 때 매출액은 연간 매출액으로 하고 재고자산은 기초 재고자산과 기말 재고자산의 평균 재고자산으로 나누기도 하고 또 다른 방법은 1년 동안 재고자산의 평균 재고자산으로 나누어 구하기도 한다. 이렇게 구해진 재고자산 회전율을 가지고 1년인 365일을 나누면 재고자산이 현금화에 소요되는 일자가 계산이 된다.

이 현금화 날짜가 외상매입금을 지급하는 결제일보다 길다면 회사는 자금 부담이 커지는 것이라고 볼 수 있다. 재고자산 회전율은 회사의 적정 재고 관리뿐 아니라 자금 상황에도 민감한 영향을 준다는 것을 알아야 하다. 재고자산은 회사의 자산 중 많은 비중을 가지고 있으며 또한 양날의 칼처럼 부실한 재고자산이나 과다 재고자산의 보유는 회사의 재무 구조에 좋지 않은 영향을 주게 되므로 적정 재고 관리에 신경을 많이 써야만 한다.

2) 내부통제의 중요성

내부통제에 대한 이해를 돕기 위하여 내부통제 부실로 인한 자금 사고 사례를 미국 회사 사례와 한국에서의 사례를 각각 살펴보도록 하겠다. 이 사례들을 보면 내부통제의 중요성 및 왜 해야 하는지에 대한 중요성에 대해 이해가 더 쉬워지리라 생각한다.

미국의 어느 증권회사에 A라는 자금 담당자가 있었다. 몇 년 동안 휴가를 한 번도 가지 않고 매일 출근해서 일하던 성실한 사람이었다. 그러나 그의 실체는 그가 교통사고로 인해 출근을 못 하게 되어 그의 동료가 그의 일을 대신하게 되면서 시작되었다. 그러던 어느 날 A의 일을 대신 맡게 된 동료에게 고객에게서 한 통의 전화가 왔다. 고객 계좌에 증권 거래로 인한 입금이 안 되고 있다는 불만을 접수하게 되었다. 새로운 담당자는 고객의 계좌에 대한 거래 내용을 확인하는 과정에서 이상한 내용을 발견하였다. 불만을 이야기한 고객 계좌에서 이상한 입출금 거래 내용이 기록되어 있었으며 이를 이상하게 여긴 직원은 그동안 A가 관리해 왔던 다른 고객 계좌를 조사해 보니 모든 고객 계좌에서 이상한 입출금 거래가 기록되어 있는 것을 발견하여 회사에 보고를 하였다. 회사는 조사를 통하여 5년 동안 정교하게 이루어진 직원 A의 횡령 내용을 알게 되었다. 정확한 사실 확인을 위하여 경찰에 신고를 하였으며 경찰에서 조사를 해보니 5년 동안 60만 달러를 횡령한 것으로 나타났다. 이 사건이 1990년대 발생한 사건이다.

그는 고객들의 계좌를 이용하여 돌려 막기 방식으로, 즉 다른 고객의 예금을 자기 개인계좌로 이체하고 고객이 잔고 차이에 대한 문의를 하는 경우에만 일시적 차이이니 잠시 후면 잔고가 맞추어질 것이라고 하고 다른 고객의 통장에서 예금을 이체하여 잔고를 맞추는 방식이었다. 이러다 교통사고로 자신이 그 일을 할 수 없게 되었고 새로이 일을 맡은 직원은 그런 내용을 모르니 고객들에게 입금이 안 되면서 결국 밝혀진 것이다. 모든 증거들에 의해 내용이 밝혀졌고 A는 경찰에 구속되었으며 회사는 그제야 왜 A가 그동안 휴가를 가지 않았는지를 알게 되었다. 이 회사는 자금 담당자인 A에게 계좌 개설 입금 및 출금에 대한 업무 권한이 다 있었으며 그가 하는 일에 대하여 검증하거나 점검할 사람도 프로세스도 없었던 것이다. 즉 자기가 하는 일에 대한 어떠한 통제 절차나 관리하는 사람이나 시스템이 없다 보니 자기가 무슨 일을 해도 아무도 모른다는 생각이 이런 사건을 저지르게 된 것이다.

내부통제 관련 또 하나의 사례를 보자. 이 사례는 내부 프로세스가 갖추어져 있다 해도 실질적인 실행이 이루어지지 않으면 내부통제 절차가 잘 갖추어져 있다 해도 무의미하다는 것을 의미하는 중요한 사례라고 할 수 있다. IMF 발생 시기인 1990년대 후반 한국의 많은 대기업들은 기업 정상화를 위해 사업구조 개선을 목적으로 자회사들을 매각하고 있을 때이다. 국내 굴지의 대그룹 계열사인 회사도 일부 사업부를 미국 회사에 매각을 시도했고 두 개의 사업부가 미국 회사에 매각되었다. 하나의 사업부는 C사로 다른 사업부는 O사로 사명이 바뀌어 미국 회사가 되었다. 그런 사업부 매각 시 회계 부문과 자금 부문 인원에 대한 매각 회사로의 채용 승계로 필자는 C사 재무 부문에서 근무를, 한 명의 지인은 O사에서 근무하게 되었다.

처음으로 미국 회사에서 근무하는 경험을 하게 되었는데 그때 느낀 점은 미국 회사는 많은 매뉴얼과 내부통제 절차 등에 대해 문서화가 참 잘 되어 있다는 점이었다. 그런 인상으로 인해 어느 날 열린 회의에서 한국 회사들은 이런 규정이나 관리가 부족해서 IMF가 발생했다는 미국 회사 중역의 말에 공감하며 아무런 말도 못 하고 이야기를 듣기만 해야 했던 기억이 아직도 생생하다.

그런데 회사 매각 후 2년 정도 지나 기말 회계감사를 받고 있는 중에 필자가 다니던 C사 회계감사인들이 감사를 중단하고 모두 철수를 해야 한다는 것이었다. 갑작스러운 일에 당황해서 이유를 물어보니 O사 자금팀에 근무하는 필자의 지인 이야기가 나오면서 200억 원 넘는 자금 사고가 발생하여 회계 감사인을 추가로 투입하기로 결정되어 C사 감사회계인들도 모두 그리로 가야 한다는 것이었다.

사고의 내용은 자금 담당자였던 지인 H가 자기 임의로 회사 명의의 수금 통장을 회사 몰래 개설한 후 회사에는 숨기고 자기가 관리하면서 영업 사원들에게 자기가 만든 통장을 회사 수금 통장 계좌로 알려주어 고객사에서 결제할 때 자기가 만든 통장으로 입금하게 만든 것이었다. 영업 사원 입장에서는 회사 자금팀에서 수금 계좌라 하면서 회사 명의의 통장을 주니 당연히 아무런 의심 없이 고객사에 수금 계좌로 등록을 하였던 것이었고 그 자금은 H가 개인적으로 주식투자와 개인 생활비로 사용했던 것이다. 거의 2년 동안 그리해 왔으나 H는 은행 직원에게 이런저런 이유를 가지고 그 계좌에 대한 정보는 회계 감사인에게 공개하지 않도록 해왔던 것이다. 몇 번의 회계 감사를 받는 동안 교묘히 회사와 회계법인을 속여 가면서 자금을 횡령해 왔던 것이다.

그러나 은행 담당자가 회계 감사인과 H에게 주어야 할 각각의 계좌 정보를 은행 실수로 회계 감사인과 H에게 바꾸어 알려주면서, 회계감사인은 장부에 없던 계좌가 나오고 그 계좌 잔액의 엄청난 금액을 확인하여 공개되었던 것이다. 이때 횡령 금액 규모가 엄청나서 그 당시 일간 신문에 기사가 날 정도로 커다란 사건이었다.

이 두 가지 사례를 보면 자금 부정도 부정이지만 이런 일이 밝혀지는 과정이 어떤 통제 시스템이나 절차에 의해서가 아니라 우연한 사고나 은행 또는 담당자 실수로 인하여 밝혀진다는 것이다. 그렇다보니 이미 시간이 오랜 시간 경과한 후라 회사의 손해가 작지 않다는 것이 더욱 큰 문제였다고 할 수 있다.

앞선 두 가지 사례를 하나씩 자세히 보면서 무엇이 문제였고 어떻게 해야 할지를 생각해 보자.

우선 미국 회사는 무엇이 문제였을까? A는 고객으로부터 현금을 직접 받는 업무부터 회사 계좌에 기록하는 업무 모두를 본인 스스로가 진행하였으나 그의 일상적인 업무를 점검하거나 관리하는 사람이 없었다는 것이다. 아무도 자기의 업무에 대해 관리를 하지 않는다는 것을 알게 된다면 이런 악마의 유혹으로부터 벗어나기는 쉽지 않을 것이다. 자기 업무에 대한 어떤 통제 절차나 감독자가 없다는 것이 미국 회사에서의 자금 사고 발생 원인이라 할 수 있다.

보다 정확히 본다면 관리자가 없었던 것이 아니라 실무에 대해 잘 알지 못하는 관리자가 있었기에 모든 업무를 실무 담당자에게 맡기고 있었던 것이 가장 큰 회사의 실책이라고 할 수 있다.

두 번째 사례는 O사에는 분명 자금 통제 절차가 있었다. C사와 H가 다닌 O사는 같은 그룹 계열 회사였기에 똑같은 규정을 적용 받기 때문에 잘 알고 있었다. 규정에는 통장 개설 절차 및 자금 담당자는 일정 기간 휴가를 부여하여 업무에서 배제하도록 되어 있었다.

그러나 문서상 내부통제 절차는 존재하였으나 실질적인 통제는 이루어지지 않았던 것이다. 자금 담당자인 H보다 실무에 대한 지식이나 경험이 없는 사람이 H의 관리자였다. 그러니 모든 업무를 전적으로 H에게 의지할 수 없었던 것이다. 결국 H는 잘 갖추어진 통제 절차를 도리어 역이용해서 자기가 할 수 있는 교묘한 방법으로 통장을 개설하고 자금을 유용한 것이다.

두 번째 사례는 H는 내부통제 절차와 관리자가 잘 만들어져 있는 회사에서도 회사의 구성원이 실제 그 절차와 책임을 다하지 않는다면 아무런 효과가 없다는 것을 보여준 사례이다.

위 두 가지 사례를 통하여 내부통제는 회사 조직 및 문화에 맞는 내부통제 절차 및 기준이 마련되어야 하고 그 기준과 절차를 정확히 준수할 수 있도록 구성원들에 대한 교육과 적극적인 책임의식이 필요하다는 것이다. 또한 구성원의 업무 전문성이 필요하다. 두 번째 사례에서 보듯이 명확한 절차와 관리자가 지정되어 있었다. 하지만 그 관리자가 업무의 전문성이 없어 진정한 관리가 이루어지지 않은 것이다. 이것은 도리어 눈에 보이지 않는 더 위험 요소일 것이다. 눈에 보이는 것보다 보이지 않는 것이 더 큰 위험이기 때문이다. 이런 이유로 서두에서 이야기한 회계를 알아야만 하는 이유가 여기에 있다고 할 수 있다.

실제적으로는 작동되고 있지 않은 통제 절차나 시스템이 잘 운영되고 있다고 믿는 것이 무척이나 위험한 생각이라는 것이다. 통상 보면 대기업은 통제 절차나 시스템은 구비되어 있으나 실제 운영에 대한 관리나 점검이 미비한 경우로 발생하고 중견기업 또는 중소기업은 경리 여직원에게 통장, 통장 사용 인감, 비밀번호, 그리고 은행의 모든 업무를 다 맡기는 경우로 인해 사고가 발생하는 경우가 많다. 상황이 이렇다 보니 많은 중소기업에서는 가족이나 친인척에게 자금을 맡기는 회사를 많이 보아왔다. 물론 자금에 대한 관리를 위해 믿는 사람에게 맡기는 것이 가장 안전한 방법으로 생각할 수 있기 때문이다.

그런데 안전만을 생각해서 전문적인 지식이 없는 사람에게 회사 자금관리를 맡기는 것은 또 다른 문제점을 발생시키게 될 것이다. 회사의 자금관리는 단순한 현금의 입금과 출금을 관리하는 것이 아니라 회사의 금융 자산을 관리하는 것이다. 또한 미래 현금흐름에 대한 관리로 회사에 대한 재무적 안정성을 관리하여야 하는 중요한 업무이기 때문이다.

즉 모르니까 믿을 사람에게 맡긴다는 단순한 방식의 해법이 아니라 전문성을 가진 사람에게 일을 맡기되 그 업무에 대한 효율적이고 부정을 방지하는 통제 절차 등으로 관리하는 것이 더 회사 발전에 중요하다고 생각한다. 처음 회계를 왜 알아야 하는지에 대해 이야기를 했는데 대표이사 등이 회계 관련 업무를 이해한다면 담당 직원이 하는 일에 대하여 한 번 더 점검하고 챙겨 볼 수 있게 되어 이런 자금 사고도 방지할 수 있는 것이다. 여기서 다시 한번 강조하지만 회사를 건실하게 운영하기 위해서는 반드시 필요한 필수 조건이다.

큰 회사나 작은 회사나 자금 사고가 발생 시 회사에 미치는 영향은 엄청난 사건일 것이다. 그렇다고 자기 조직의 구성원들을 불신을 가지고 대우하기도 현실적으로 힘들다. 특히 일정 규모 이상의 조직은 최고의 경영자 혼자 모든 것을 관리하고 점검하기가 쉽지 않다. 따라서 조직 구성원을 믿어야 하고 단지 그 구성원이 악마의 유혹을 견뎌낼 수 있도록 조직 시스템을 구축하는 것이 필요하다는 의미이다.

사실 내부통제의 중요성을 이해하기 위해 자금관련 사고로 내부통제를 설명했으나 진실된 내부통제는 회사 경영자의 주요 책임은 회사 운영의 전반 사항을 통제하는 것이다. 내부통제의 목적은 단순히 조직의 구성원들이 악마의 유혹에 빠지지 않기 위한 것이 아니라 최고의 경영진들이 제시한 회사의 미래 목표를 조직 구성원들이 달성할 수 있게 하는 것이다.

내부통제는

(1) 자산을 보호하고
(2) 회사 목표 달성을 지지하고
(3) 운영효과를 촉진하고
(4) 정확하고 신뢰할 만한 회계 기록을 보장하게 하는 것이다.

내부 통제는 조직 구성원 모두가 이런 목표들을 받아들일 때 가장 효과가 크다. 회사는 최고 사원을 구하기 위해 높은 급여를 주고, 그들이 그들의 업무를 잘 할 수 있게 훈련시키며, 그들의 업무를 잘 감독하면서 회사의 능력 있는 직원으로 만들고 있다. 회사는 어떤 직원이 아프거나 휴가를 떠났을 때 다른 직원이 그 일을 대신할 수 있도록 업무 순환을 통한 유연성을 가지게 해야 한다.

특히나 자금 부서 등과 같이 민감한 부서에 근무하는 직원들에 대하여는 업무 순환을 통하여 사고를 미리 방지할 수 있는 효과도 가져올 수 있으므로 적용하면 가장 좋은 방법이라고 생각한다. 회사의 어떤 자원보다도 인적 자원이 중요하다. 특히 내부통제 관련해서는 더욱 능력이 있으면서 윤리적인 직원이 가장 중요한 기본이라고 할 수 있다. 따라서 회사에서는 이런 인원을 채용하고 훈련시키는 일에 관심을 기울여야 한다. 좋은 내부통제를 가지고 있는 회사라면 중요한 업무는 어떤 것이라도 가볍게 생각해서는 안 되며 각각의 직원들에게 확실한 책임을 부여해야 한다.

어떤 업무를 진행하는 과정 과정마다 각 담당자에게 업무의 내용과 그 업무를 실행하는 책임을 명확히 규정해 주어야 한다. 예를 들어 한 회계 담당자가 비용 전표를 검토한다면 팀장이 승인권한을 가지고 있어야 한다는 것이다. 즉 회계 담당자는 전표를 검토하는 것에 대한 책임을 부여 받은 것이고 팀장은 전표 승인에 대한 책임을 부여받은 것이다. 또한 부서별 책임 부여는 하나의 부서에서 각 담당자의 책임을 구분하여 부여하는 것에 대비하여 각 부서별로 전체 업무에 대한 진행 주체에 적당한 권한이 부여되어야 한다는 것이다. 회사가 어떤 물품을 구매할 때 발주 및 구매 전표는 구매부서에 권한이 있으며 대금 지불 권한은 재무부서에 권한이 있어야 한다는 것이다.

따라서 업무의 분업 및 진행 업무별 부서의 독립된 권한이 부여되어 관리되어야 한다. 아울러 정해진 규정 이외의 사항을 적용해야 할 때에는 반드시 회사 규정에 따라 결정권자의 승인을 받아 진행해야 한다. 내부통제의 기본은 "고양이에게 생선을 맡기지 않는다."라는 말이 가장 잘 어울리는 표현이라고 생각한다.

앞선 사례에서 보듯이 담당자 한 사람에게 믿고 일을 맡기면 사고 발생 가능성이 높다는 것이다. 아무리 윤리적인 사람이라도 자기가 모든 권한을 가지고 있고 아무도 자기가 하는 일에 다들 아무도 관심이나 감독 권한이 없다는 것을 안다면 아마도 악마의 유혹은 시작된 것이라고 봐야 한다. 또한 외부 감사 회계법인 및 내부 감사 제도를 활용한 정기적인 감사를 진행하는 것도 내부통제 규정 제정과 더불어 실행 여부를 감사한다는 것은 매우 중요한 과정이라고 볼 수 있다.

내부통제는 인사, 재무, 구매, 전산, 영업, 생산 등 회사 전반적인 활동에 대하여 실시하는 것이 올바른 방법이다. 각 업무의 기준 정보에 대한 기준 정보의 관리, 각종 원시 자료에 대한 접근 및 열람한 사람의 접근 및 열람 관리, 구매에서의 납품처 선정의 공정성을 위한 삼자 견적, 주요 업무 직원의 의무적인 휴가 사용, 통장과 인장의 분리 관리, 자금집행 단계별 권한 부여, 업무 처리의 문서화, 증빙 원본 사용 등 내부통제 절차를 작성할 때 고려해야 할 항목이 많다.

이렇게 많은 고려 사항 중 근본적으로 세 가지 원칙은 지키자는 생각이다, 첫째, 고양이에게 생선을 맡기지 말라. 둘째, 각 직원 업무, 부서 간 업무에 대한 견제와 균형이 있어야 한다. 셋째, 상위 직급부터 회사의 규정과 원칙을 지키도록 해야 한다. 이 세 가지 원칙을 가지고 내부통제를 실시한다면 완벽하지는 않더라도 회사의 부정, 사고를 방지하는 데 또는 발생한 사고를 조기에 발견하여 수습하는 데 도움이 되리라 생각한다.

현재 정부에서는 더욱 내부통제 관리를 강화하기 위해서 내부통제 시스템에 대한 외부회계 감사기관의 감사업무에 포함시켜서 감사하도록 하고 있다. 외부회계 감사를 수행할 때 내부 회계 통제 시스템에 대한 존재 유무와 그 시스템 활용에 대한 검증 그리고 내부통제 절차에 대한 적정성들을 같이 검토하고 있으며 회사에 요구하는 내용이나 수준이 점점 높아지고 있다. 따라서 회사 내부에서도 이런 외부에서의 변화에 대한 대응 수단으로뿐 아니라 회사에 대한 내부통제 절차에 대한 실질적인 효과를 가질 수 있는 내부통제 시스템에 집중하여야 한다.

3) 비용 계정에 대한 예산통제

앞에서 내부통제 절차에 대하여 이야기하였다면 이제부터는 회사에서 업무 관련되어 사용하는 비용에 대한 예산통제를 이야기해 보도록 하겠다. 이러한 비용 통제도 넓게 보아서는 하나의 내부 통제라고 볼 수 있다. 예산통제라는 것은 사전에 계획된 예산 내에서 실제 집행이 이루어질 수 있도록 관리하는 것을 말한다. 기껏 예산을 수립해 놓고 관리를 하지 않거나 예산 증액을 아무런 제재 없이 마구 해준다면 예산통제는 아무런 의미가 없다.

예산 관리는 계정에 따라 월 예산, 분기 예산, 반기 예산, 연간 예산으로 구분하여 관리하는 게 좋다. 모든 것을 월 예산으로 관리하면 예산 편성 부서나 실행 부서 모두에게 부담이 되고 연간 예산으로 관리하면 관리 의미가 퇴색할 수도 있기 때문에 계정별 특징을 살려서 어찌 관리할지를 결정하는 게 좋다.

비용예산의 결정은 경영계획 수립의 결과로서 회사 총예산이 결정된다. 즉 다음 해의 경영계획 수립을 통해 전체 내년도 전체 살림 규모가 계획되고 그런 계획하에서 회사가 어느 정도 이익을 낼 수 있는가를 결정하면서 전체적으로 비용을 어느 정도를 사용해야 하는지가 결정이 된다. 각 회사는 매년 하반기에 다음 연도의 경영계획을 수립한다. 경영계획은 매출계획부터 시작하여 그에 따른 생산계획 그리고 인원계획, 투자계획, 경비계획을 수립하여 내년 경영 성과에 대한 전체적인 목표를 설정한다. 이 때 인원계획, 투자계획, 경비계획을 수립하는 것이 하나 하나의 예산 수립이라고 생각하면 된다. 보통 경영계획을 수립한 후 내년도 실적을 경영계획과 비교하여 경영성과를 관리해 나가는 것이 일반적인 것이다.

그러므로 인원계획은 그에 따른 노무비 예산, 투자 계획은 투자예산, 경비계획은 경비예산을 수립하게 되는데 이런 예산을 관리하는 것이 예산통제이다. 전산 시스템이 잘 갖추어진 회사는 이런 투자예산, 경비예산 등이 결정되어지면 전산상 예산 시스템을 활용하여 관리를 하면 된다. 예산을 시스템을 통해 관리하는 것은 예산 범위 내에서만 전산전표 작성이 가능하다는 것이다. 즉 예산이 없으면 현업에서 경비를 정리할 수 없게 하여 현업이 예산 내에서 사용할 수 있도록 하는 관리가 가능하다.

만일 그런 전산 시스템이 없다면 예산통제를 사전 수작업으로 통제하는 방법이 있는데 부서별 예산 편성표에 매월 사용액을 정리해서 관리하는 방법도 있다. 이 방법은 팀별 복지 예산에는 효과가 있지만 투자 예산 등 관련해서는 통제 효과가 크지 않다는 단점과 모든 비용에 대한 부서별 예산 관리를 사람이 직접 관리하게 되어 일정 규모 이상의 조직에서는 관리가 쉽지 않은 단점을 가지고 있다.

비용 예산통제 관련해서는 한도를 정해 놓고 관리하는 것도 중요하지만 결재권자의 예산에 대한 인식도 중요하다. 보통의 현업 관리자의 경우는 회사 관리자의 입장보다 현업 담당자의 생각과 비슷한 마인드를 가지고 있다는 것이다. 많이 쓸 수 있으면 좋겠고 통제 없이 사용했으면 좋겠다는 생각을 현업 관리자뿐 아니라 담당들도 그런 생각을 가지고 있으며 또한 모든 것은 다 회사 업무와 관련되어 있다고 생각을 하면서 예산 증액을 요청하는 경향이 있다.

따라서 예산통제에 대한 중요 요소도 관리자의 책임과 인식이 중요하다고 볼 수 있다. 그런데 현업이 예산이 부족한 이유를 잘 살펴보면 실제 비용은 특정 권한을 가진 직책자나 직급자 중심으로 사용되기 때문에 일반 직원들이 회사에서 사전 편성된 예산을 이용하기가 쉽지 않다.

따라서 비용 사용에 대한 관리를 위해서는 이런 부분에 대한 관리가 더욱 필요하다고 생각한다.

예산을 사용하는 경우에도 실제 비용을 사용할 때 그 자리에 참석한 최상위자가 지불해야 한다. 최상위자가 자신이 아닌 팀원에게 지불하게 하고 전표를 자기가 결재한다면 이는 비용에 대한 통제가 안 될 뿐 아니라 비용 사용에 대한 적정도 검토도 안 되기 때문이다. 따라서 참석 대상자 중 가장 상급자가 결재를 하고 그 비용에 대한 청구를 하게끔 내부 절차를 규정하고 지키는 것이 중요하다고 생각한다.

또한 비용을 사용한 내용을 그때그때 결재 받으려고 하면 한 달 동안 얼마를 사용했는지 어디에 사용했는지에 대하여 내용을 알기가 쉽지 않다. 이런 경우 개인이 사용한 비용을 월 합계 보고서를 만들어서 상위 결재권자의 결재를 받게 한다면 비용 사용에 대한 내용 분석과 통제 기능을 같이 가져갈 수 있지 않을까 생각한다. 비용 예산이라고 해서 반드시 경비 관련한 것만이 아니라 투자도 예산 통제가 이루어져야 한다. 보통 회사들은 투자 예산은 경영계획에 의해서 작성하는 경우도 있고 투자 전에 사전 투자심의를 거쳐 투자 예산을 관리하기도 한다.

통상 경영계획 작성 시 예산은 세부적인 내용보다는 전체적 투자 규모를 수립하는 것이라면 투자 심의를 거치는 투자 예산은 개별 투자에 대한 세부 투자 예산이라고 할 것이다.

회사에서 투자심의를 하게 되는 경우 의사 결정에 필요한 많은 분석 자료를 기초하여 투자를 결정하는데 미래에 대한 투자이므로 많은 분석 자료는 가정이나 예측을 한 가정을 바탕으로 하는 경우가 많다.

일반 경비에 대한 부분은 문제가 발생하여도 회사에 미치는 영향이 미미하지만 투자 실패로 인한 회사의 손실은 회사에 커다란 손실을 가져온다. 따라서 투자 예산을 부여하기 위한 투자심의를 할 때에는 좀 더 냉철하고 여러 부문의 의견을 들어보고 결정하는 것이 실패의 위험을 줄일 수 있다.

비용통제는 비용을 사용하지 못하게 하는 것이 아니라 회사 업무에 올바르게 사용하게끔 유도하고자 하는 목적이며 또한 회사 살림 규모에 맞는 비용을 사용하게 함으로써 회사 이익 관리에도 기여하고자 하는 것이 목적이다.

제3부

DESSERT
(후식)

1

의사 결정권자 관점의 세법과
세무조사 대응

　회사들에게 있어 가장 부담스러운 일 중의 하나가 세무조사일 것이다. 세무조사는 많은 회사들이 잘해도 못해도 일정 금액의 세금을 추징당한다는 생각을 기본적으로 가지고 있는 것이 우리나라의 현실이다. 또한 세무조사 관련하여 사적으로 이야기하는 자리가 아닌 곳에서 이야기하기도 상당히 부담스러운 주제인 것도 또한 사실이다. 가끔 시중 서점에 가보면 세무조사 관련한 내용의 책이 있는 것을 본 적이 있는데 그 내용들도 상당히 조심스럽게 아니면 조사관 출신 입장에서 쓰인 내용이 대부분이었다.

　그래서 회사 입장에서의 세무조사 관련 내용을 써보면 어떨까 싶은 생각으로 후미에 조용히 추가해 보았다. 사실 몇 번의 세무조사를 받은 경험을 가지고 전체 세무조사에 대하여 이야기하는 것은 무리가 있다. 세무조사도 지역이나 업종 그리고 규모 등에 따라서 차이가 있기 때문에 여기 내용을 참조로만 알아 두면 좋을 것 같다.

세무조사를 이해하기 위해서는 세무와 관련된 내용을 먼저 이해하고 가야 한다. 먼저 우리나라의 세법에 대하여 간단히 설명하고 세무조정에 대한 내용을 소개하면서 세무조사에 대한 내용으로 이야기를 풀어가는 것이 이해하는 데 좋을 것 같다. 우리나라 세법에는 국세기본법부터 법인세법, 부가가치세법, 소득세법, 종합부동산세법, 지방세법 등 총 21가지의 개별 세법으로 구성되어 있다. 국세기본법은 국세에 관한 기본적·공통적 사항과 위법 또는 부당한 국세처분에 대한 불복 절차를 규정한 법으로 세법들의 헌법이라고 할 수 있는 세법으로 모든 세법에 기본이 되는 법이다.

국세기본법을 기반으로 발생하는 소득별 그리고 보유하고 있는 재산의 종류에 따른 세금을 적용하는 각각의 세법이 있는 것이다. 우리나라의 대표적인 소득 관련법은 법인세법과 소득세법이 있다. 이 중 회사의 소득에 관한 내용을 다루는 것이 법인세법이고 개인 소득에 관한 것을 다루는 것이 소득세법이다. 따라서 회사에서는 법인세법을 가장 잘 이해하여야 한다. 법인세법이라는 것은 법인 소득에 대한 세무관리를 규정한 법이기 때문이다. 그렇다고 회사는 법인세법만 적용된다는 것은 아니다. 법인에 귀속된 직원들의 소득 관련한 소득세법을 적용하여야 하게 되므로 소득세법도 알아야만 한다. 그러나 회사에 가장 큰 영향을 미치는 것이 법인세법이니 회사에서는 가장 중요하게 다루어야 할 것이다.

각각의 개인들은 개별 급여나 금융 소득에 대하여 1년에 한 번 소득세법에 따라 연말정산을 하거나 종합소득세 신고를 하듯이 회사는 세법의 규정에 따라 법인세 신고를 하여야 한다. 개인이 연말정산 시 본인이 생각하는 소득과 세법이 적용한 소득 기준이 다르듯이 회사도 회계기준, 즉 기업회계 기준이나 IFRS 기준과 세법의 기준이 달라서 회계 기준에 의하여 결산한 금액대로 세금을 신고 납부하는 것이 아니라 회계 기준을 세무 기준으로 조정하여 세무 신고를 하여야 한다. 이를 세무 조정이라고 한다.

이런 세무 조정을 하는 업무를 세무회계라 구분하여 부르기도 한다. 즉 법인세 신고 납부를 위해 회계 기준과 세법 기준과의 차이를 조정하는 것이 세무 조정이라고 하며 세무회계는 이런 세무 조정을 위한 회계 처리를 의미한다. 회사가 직접 세무 조정을 하는 회사도 있으나 보통은 회계법인이나 세무법인 또는 세무사 사무실에 세무

조정을 대행하기도 한다. 외부에 세무 조정을 맡겼다고 회사는 손 놓고 있는 것이 아니라 외부 세무 조정 대리인과 긴밀한 협의를 통하여 향후 발생할 수 있는 세무 위험을 줄이고 절세할 수 있는 방안을 마련하여야 한다.

세법은 열거주의 기반이므로 법에 정해져 있는 내용대로만 인정을 받을 수 있게 되어 있다. 따라서 현업에서 발생하는 많은 내용들에 대하여 조금은 법 해석과 적용에 상당한 제약이 있다. 따라서 회사는 법 적용을 할 때 임의적인 해석으로의 접근하는 방식이 아닌 법 제정 취지와 법규 그리고 판례 등을 잘 살펴보면서 세무 조정을 하여야 한다.

외부 세무 조정 대리인은 위험을 최소화하는 세법이나 기준을 적용하려고 하는 경향이 강하다. 따라서 회사 내부의 세무 담당자가 외부 세무 조정대리인에게 회사에서 발생한 내용에 대한 자세한 설명을 세법적 측면에서 해주는 것이 회사의 세무 전략에 도움이 된다. 이렇게 외부 조정 세무대리인이 작성한 세무조정계산서를 3월 말까지 관할 세무서에 제출하게 되며 이때 계산된 법인세를 납부하면 법인세 신고 납부가 마무리되는 것이다.

즉 법인세는 과세관청에서 과세 금액을 정해서 고지하여 납부하는 것이 아니라 자진 신고 납부 방식이다. 따라서 세무조사는 납세의무자가 신고한 내용에 오류 또는 탈루가 있을 때 세무 당국이 이를 확인하는 것이 세무조사이다. 즉 자진 신고한 세무 신고에 오류나 탈루가 의심되면 과세 당국에서 세무조사를 통해 이를 확인하는 것인데 실제는 정기적인 세무조사라는 말로 모든 기업들에 대하여 4~5년 주기로 세무 신고 내용을 확인하고 있어 실제적으로 납세의무자들에게 정기적으로 다가오는 세무조사는 상당히 부담스러운 일이 되었다. 세무조사는 세법에 따라 납세의무자 등에게 질문이나 심문을 하고, 장부와 서류 기타 물건을 검사·조사·검색 또는 확인하는 일체의 행위를 말한다. 세액을 정확히 계산하여 조세를 명확하게 하기 위한 것으로, 일반세무조사와 조세범칙조사로 구분된다. 일반세무조사는 과세요건 성립 여부, 신고내용이 적정한지의 여부를 검증하기 위한 조사로 일반적으로 세무조사라 하면 이를 가리킨다. 이에 비해 조세범칙조사는 처벌을 목적으로 범죄 증빙 등을 수집하여 조세 범죄를 확정하기 위해 행하는 강제조사로 흔히 세무 사찰이라고도 부른다. 일반 세무조사도 회사에 통지후 회사에 세무조사원이 출장을 나와 조사하면서 자료를 회사에 요청하는 조사와 예치조사라 하여 사전 예고없이 회사에 와서 관련된 회사 장부를 과세 당국이 가져가서 조사하는 방식이 있다. 어떻게 보면 세무 사찰과 비슷한 방식으로 국세청에서 통상 어떠한 거래에 대한 혐의가 있다고 판단될 때 실시하는 조사 방법이다.

세무조사를 받는 기간은 보통 4주에서 6주 동안 진행되며 조사 기간은 조사관이나 과세 관청이 연기가 필요하다고 판단되는 경우 조사 기간이 연장되기도 한다. 세무조사가 번거로운 것은 예전과 달리 세무상 탈세나 신고에 대한 오류로 인한 세금 추징 부담이라기보다는 한 달 넘게 회사 직원들이 조사에 대응하기 위하여 회사 담당자가 일상 업무를 집중하지 못하고 세무조사관들의 자료 요청에 대응을 하는 업무의 부담감 때문이다.

회사에서 대응하는 능력에 따라 세무조사의 결과가 많이 달라지기 때문에 실제 회사 실무 담당자들은 정말 하나하나의 자료에 집중하고 시간을 많이 투자하면서 조사관들 요구에 대응하여야 한다. 그런 것이 회사가 느끼는 세무조사의 가장 큰 부담이라 생각한다. 이런 시간과 노력에 대한 부담에 더하여, 세상 사람들이 흔히들 하는 이야기로 털어서 먼지 안 나는 사람이 어디 있냐는 우스갯소리처럼 세무조사를 받다 보면 회사에서는 생각하지도 못했던 내용들이 나오는 경우가 많으며 과세 당국도 조사 시기에 어떤 특정 부문을 중점 조사 사항으로 보고 조사를 진행하는 경우도 있다.

과세 당국이 특정 부문을 중점 조사하려는 항목들은 통상 많은 회사들이 그동안 회사가 관례상 처리한 내용이거나 그동안은 과세 당국에서 문제 제기를 하지 않아 마치 그리해도 되는 것처럼 인식된 내용을 갑자기 중점 조사 항목으로 조사를 진행하면 회사 담당자는 많은 당혹감을 가지고 대응하게 된다. 이런 업무적 부담에 더하여 주변 이야기를 들어보면 추징 세액이 일정 금액 이상 나와야 세무조사를 마무리한다는 소문들로 더욱더 부담을 느끼게 된다. 소문에는 매출액의 몇 %를 과세 당국이 목표 금액으로 설정해서 나온다 하거나 각 세목별로 일정 추징 금액이 나와야 세무조사가 마무리된다는 소문도 많다. 그런 소문들은 나름 성실하게 세법을 따르고 신고한 회사들에 추징 세액이 매출액에 대비하여 목표액이 있다고 하면 회사는 조사에 대응하는 데 엄청난 부담을 가지게 된다. 조사 분위기가 추징 세액이 나오기 전까지는 엄청난 압박감과 조사관들이 요구하는 자료 대응에 더욱더 민감하게 대응해야 하기 때문이다.

정리해 보면 회사가 세무조사에 대해 느끼는 부담은

- 한 달 이상의 조사기간으로 인한 회사의 시간과 업무에 대한 부담감.
- 예상하지 못한 항목에 대한 과세 당국의 지적으로 인한 추징세액 부담.
- 세무조사에 관한 소문(추징 세액이 정해져 있다는

등) 부담.

이렇게 크게 정리할 수가 있다.

과거 몇 차례 세무조사를 받으면서 느끼는 것은 정말 회사가 감당해야 하는 심적·물적 부담이 크다는 것이다. 지금은 많이 나아졌지만 불과 10년 전만 해도 세무조사 통지를 받으면 회사는 그때부터 비상근무 체제에 들어갔었다. 그리고 세무조사가 시작되면 매일 하루에 세 번 아침 점심 저녁에 세무조사관이 자료를 요청하였고 회사 담당자는 아침에 요청을 받은 자료는 점심에, 점심에 요청을 받은 자료는 저녁에 그리고 퇴근시간에 받은 요청 자료는 다음 날 아침에 제출해야 하기 때문에 회사 담당자가 밀린 현업 업무와 세무조사 자료 준비로 새벽까지 업무를 해야 해서 회사 담당자에게 세무조사라는 말은 곧 엄청난 고생을 한다는 것을 의미하며 엄청난 부담감을 느껴야 했다.

최근에 세무조사를 받아보니 지금은 그런 모습은 거의 없어져 그나마 회사 담당자 부담이 많이 줄어들었다는 것은 반가운 일이라 하겠다. 보통 세무조사 통보는 1주일 전쯤 통보서가 오고 거기에는 준비해야 할 내용들이 적혀 있다. 단, 특별한 사유가 있는 경우에는 세무조사를 연기 신청할 수 있다. 세무조사는 통상 4년에서 5년에 한

번 국세청에서 세무조사 대상 기업을 선정해 결정하게 되거나 국세청에서 각 회사가 제출한 세무조정계산서 등을 검토하면서 세무상 점검해 보고 가야 할 항목이 있다고 판단하는 경우도 조사 대상이 되는 경우가 있다.

또한 이런 정기 세무조사 외에 각각의 세무 항목별, 예를 들면 연구개발 세액공제나 생산성 투자 세액 공제 등 특정 항목만을 보는 조사도 있다. 이때 알아야 할 것은 개별 조사를 받았다 해도 그 항목이 정기 세무조사 때 그 항목에 대하여 조사가 면제되는 것이 아니라 정기 세무조사 때 다시 또 조사를 받게 되니 개별 항목으로 조사받았을 당시 자료를 잘 관리하고 보완해 두는 것이 정기 세무조사에 부담을 줄일 수 있다.

세무조사 통지문을 받으면 국세청 조사 담당자는 세무조사 장소를 정해 달라고 한다. 세무조사 장소를 회사 내에 두는 경우도 있고 여의치 않은 경우 회사와 가까운 곳으로 세무조사 장소를 마련해도 된다. 물론 세무조사팀과 협의하지만 회사 상황이 어쩔 수 없는 사정을 잘 이야기하면 회사의 요청을 조사팀은 들어준다. 세무조사팀과 세무조사 장소에 대한 협의가 끝나면 조사기간 조사관들이 이용할 책상 및 사무용품 등을 구비해 주어야 한다.

또한 세무조사실에는 세무조사 기준 연도의 회계 전표 및 조사 연도 기준 앞으로 2년 뒤로 2년 치의 감사보고서, 세무조정명세서, 결산서 등을 준비하여야 하며 회사 조직도, 정관 등 일반적인 요청 자료 등을 준비해 두어야 한다. 세무조사는 통상 특정 연도를 조사 연도로 지정하지만 조사 연도 기준 앞으로 2년 뒤로 2년, 총 5년 치 내용에 대한 세무조사를 한다고 보면 된다.

세무조사 당일이 되면 조사팀장과 조사팀원이 도착하는데 일단 대표이사와 인사를 하고 세무조사에 대한 간략한 설명을 한 후 실지 조사에 들어간다. 세무조사관이 말하는 세무조사 목적은 조사관들이 회사의 세무처리에 대한 것을 조사하면서 올바르게 할 수 있도록 지도하는 것이라고 한다. 그러면서 세금 징수가 목적이 아니고 향후 납세에 좀 더 실수가 없도록 교육하고 지도하는 것이 세무조사 목적이라고 한다.

그러나 실제 세무조사가 진행되면 이 말이 현실과는 차이가 있다는 것을 바로 알게 된다. 사실 회사마다 상황이 다르겠지만 나름 성실하게 신고하려 하고 세법을 충실히 따르려는 회사는 추징세액보다는 격려를 해주면 회사가 더욱더 세법에 충실한 모범납세자가 되지 않을까 싶은데 현실은 그렇지 않다. 나름 세법에 충실하려고 하면 할수록 세무조사가 힘들고 어느 수준의 추징 세액이 나올 때까지 강도가 높아지기도 하는 것이 현장 분위기이다.

필자 생각으로는 세무조사 당국은 회사가 나름 세법을 따르려고 노력하는 모습이 보이고 실제로도 그런 노력을 하고 있다면 추징세액을 부과하는 것보다는 지도를 통해 앞으로도 세법을 더 잘 지키도록 유도하는 것을 진정한 세무조사 목적으로 정했으면 하는 바람이 있다. 이렇게 과세 당국이 세법을 충실히 따르려고 노력하는 회사에 대하여 추징이라는 채찍보다 교육이라는 당근을 준다면 회사는 더더욱 세법에 충실하려고 노력하게 될 것이라 생각하기 때문이다.

그런 결과는 많은 회사들이 세법을 충실히 따르게 만들고 그만큼 세수(稅收)도 더 안정적으로 확보되면서 세무조사에 들어가는 인력 등을 다른 곳에 활용한다면 업무 효율성이 높아지는 세무 당국이 되지 않을까 생각한다. 당장은 조금의 세수(稅收)가 줄어들지 모르지만 장기적으로 본다면 국가에서는 조사기능을 확대하는 것이 아닌 성실한 신고를 유도하는 것이 더 경쟁력 있는 세원관리라 생각하기 때문이다.

반대로 세무조사 수검 시 평소에 세법을 충실히 따르려고 했던 회사이지만 조사를 받다 보면 실수가 나오거나 할 수 있는데 그런 모든 것을 다 추징하다 보면 회사가 세법을 충실히 이행하려 하기보다는 조사 때 어차피 추징당하니 평소에 적게 내고 나중에 조사 때 잘 하면 더 세금을 적게 낸다는 잘못된 생각을 가지게 된다.

그러면 세무 당국은 조사팀의 인원을 더 늘리고 확대하게 되고 결국 법인과 세무 당국이 서로 못 믿게 되어 서로가 부담만 증가시키는 악순환이 이루어지게 되어 과세 당국이나 회사 양쪽 모두 부담스러운 일이 될 것이다. 답답한 마음에 개인적인 희망을 이야기해 보았다. 그러면 세무조사 통지를 받고 세무조사 장소도 정한 후 자료를 가져다 두면 일단 세무조사의 1차 준비는 된 것이다. 그리고 세무조사 통지를 받으면 담당 조사관에게 전화 확인을 한 후 조사관이 요청하는 추가 내용을 준비하면 된다.

물론 세무조사 통지서에도 나와는 있지만 한 번 더 세무 조사팀과 확인 후 준비를 하는 것이 좋다. 세무조사 통지는 조사 개시 일주일 전에 오게 되므로 사실 준비 기간이 그리 많지 않지만 잊지 말고 해야 할 것이 하나 있는데 회사에 무척 필요한 일이다. 세무조사를 자문해 줄 회계법인을 찾아 세무조사 대리인 계약을 진행하는 것이 필요하다. 세무조사 대리인은 평소 회사 세무 조정을 대행해 주고 있는 회계법인이 있으면 그 법인과 용역을 진행하면 좋고 그 회계법인이 여의치 않은 경우 대형 회계법인 등의 세무팀에 연락하면 제안을 받아 세무조정 대리인 계약을 진행할 수 있다.

세무조정 대리인을 이용하는 이유는 일단 세무조사관

들과 많은 업무를 통하여 조사관들이 어떤 방향으로 조사를 진행하는지에 대한 동향 파악 그리고 세법 해석에 대한 관점은 어떤 것인지, 그리고 회사 논리를 어떤 식으로 하는 것이 좋은지를 알고 대응하는 것과 모르고 대응하는 것의 차이가 크기 때문에 그런 경험을 가진 세무조사 대리인을 이용하는 것이 필요하다고 생각한다. 그리고 조사관들의 요청 자료를 작성할 때도 조사관들에게 이해하기 쉽게 익숙한 용어와 양식을 사용함으로써 조사관들과 자료 해석으로 인한 괜한 오해를 만들지 않아 조사 효율을 높일 수 있다고 생각한다.

회사 담당자가 직접 하는 경우도 문제는 없으나 사실 세무관련 내용도 세상이 변하면서 많이 변하고 새로운 내용이 추가되고 하는데 회사 담당자가 그 모든 변동 내용을 매번 다 알지도 못하고 또한 최근의 국세청 판례 등에 대한 내용 등에 대하여 도움을 받을 것이 많기 때문에 세무조사 대리인을 이용하는 것이 회사에 도움이 된다. 그런데 회계법인의 특징을 보면 각각의 특징을 가지고 있다. 처음부터 전문성을 가지고 사안 하나하나를 논리를 가지고 대응하는 법인과 처음에는 세무조사관들의 의견을 다 들은 이후 일괄 정리하려는 법인, 또한 왠지 회사 입장보다는 세무조사관 입장을 전달해 주는 듯한 회계법인 등이 있다.

따라서 회사는 세무조사를 어떤 방식으로 진행할지를 내부적으로 검토해서 회계법인을 선정해야 한다. 그동안의 경험으로 보면 전문성을 가지고 하나하나의 논리 대응을 우선으로 하는 회계법인이 조사 결과도 더 만족스러웠고 회사 담당자들도 옆에서 많이 배운 좋은 경험이 있다. 간혹 어떤 회계법인은 계약은 회사와 했는데 일은 세무 당국과 하는 듯한 느낌을 갖게 하는 법인도 있었다. 어떤 회계법인을 선택할 것인지에 대해서는 이런 성향도 같이 조사해 보고 깊게 생각하여 회계법인을 선정하는 것이 바람직하다.

회계법인을 선정한 후에는 담당자 중 조사관들과 직접 대응할 회사 담당자를 선정해야 하는데 이때 회사 담당자는 세무적인 지식을 갖춘 최소 팀장급으로 담당자를 선정하는 것이 좋다.

회사 담당자가 선정되면 세무조사 대리인인 회계사와 한 조가 되어 세무조사관이 요청하는 자료에 대한 준비 및 제출 그리고 소명 내용 등을 먼저 검토하면서 조사에 대응하면 된다. 조사 기간 동안 조사관들이 요청한 자료와 대응한 결과 그리고 그에 따른 문제점들을 매일매일 정리해서 주요 이슈와 요청받은 자료와 제출 완료한 자료 등에 대한 목록을 만들어 일자별 순서별로 기록하여 업무에 착오가 없도록 하여야 한다.

또한 세무조사관들이 움직이는 동선에는 가급적이면 다른 직원들이 접촉하지 않도록 하는 것이 좋다. 사적으로 하는 직원들의 말을 조사관들이 오해하거나 어떤 빌미를 주어 회사에 부담을 줄 수 있기 때문이다. 조사기간 동안에는 현업 담당자를 조사관들이 직접 면담하기도 하는데 이때도 조사대리인인 회계사와 같이 참석하여 조사관들에게 대응하는 것이 좋으며 말을 많이 하기보다는 조사관들이 물어보는 것에 대하여만 단답형으로 하는 것이 좋다. 또한 정확히 내용을 모르는 경우라면 모르겠다고 하고 나중에 이야기하겠다고 해야지 엉뚱한 자기 생각이나 추측을 이야기하는 것은 나중에 큰 문제를 발생시키는 원인이 되기도 한다.

간혹 직원들 중 말하기 좋아하거나 자기 과시를 좋아하는 사람이 있다면 그런 성격을 가진 사람들은 가급적 인터뷰 대상자에서 제외하는 것이 좋다. 한 번 뱉은 말은 주워 담을 수 없기 때문이며 잘못된 말 한마디를 바로잡기 위해서는 엄청난 노력이 들어가기 때문이다.

세무조사에 대응할 때는 너무 두려워하거나 긴장을 하지 말고 차분히 회사의 논리로 대응하여야 한다. 여기서 세무조사를 경험한 많은 회사들은 두 가지 경우로 나누어진다. 조사관들이 목표한 징수액이 나오지 않아 계속 이것저것을 요구하면서 조사를 힘들게 한다는 의견과 원칙대로 조사를 하고 징수액 상관없이 조사를 마무리한다는 의견이 있다.

개인적 경험으로 이런 차이는 조사 기관이 어디냐와 조사관이 어떤 성향이냐에 따라 다르다고 생각한다. 몇 번의 조사를 경험하면서 두 가지 다 경험했기 때문이다. 그런데 그래도 어느 정도의 징수액이 나와야 되지 않나 하는 느낌을 받은 경우가 많았다고 생각된다. 추징액뿐 아니라 각 세목별로 추징액이 나와야 세무 조사가 잘 마무리되는 경험을 한 적도 있다.

특히 어느 조사팀은 그런 의지를 강하게 표출한 팀도 있었으니 이거는 어떤 명확한 기준이 있는 것이 아니라고 생각한다. 이렇게 확실한 것이 없을 때에는 가장 나쁜 상황을 가지고 대비하는 것이 가장 좋은 결과를 기대할 수 있다고 생각한다. 보통의 조사기간은 6주 정도 계획하지만 실제 조사팀은 그 기간에 한 개의 회사만을 조사하는 것이 아니라 두 개에서 세 개 회사를 동시에 조사하기 때문에 초기 2주나 3주 정도가 지나면 특별한 상황이 없는 한 조사가 마무리되었다고 생각하면 될 듯하다. 조사가 마무리되면 조사팀장이 전체적으로 세무조사 내용을 회사 경영진에게 직접 설명하고 추징세액을 회사에 보내주는 것으로 세무조사가 마무리된다고 보면 된다. 이런 일반조사와는 다른 특별조사가 있다. 국세청에서 회사에 대한 어떤 특정한 혐의가 있다고 판단되는 경우 하는 조사인데 이런 조사는 사전 통보 없이 회사를 방문해서 회사의 기본 자료를 예치 형식으로 국세청 조사팀에 가져가서 하는 예치조사가 있다.

회사가 대응하는 방법은 일반 세무조사 방식과 동일하게 대응하면 된다. 요즘은 혐의가 없더라도 점차 예치조사가 증가하고 있는 경향이라고 한다. 따라서 회사의 세무조사 대응은 특별 시점에 맞추어 대응하려고 하거나 특정 세무 브로커 등의 말을 듣고 대응하는 것보다는 평상시에 세무에 대하여 관심을 가지고 관리를 하는 것이 필요하다.

예치조사는 회사 서류를 세무 당국이 가져가는 것이므로 회사는 평상시에도 서류 정리에 관심을 가지고 불필요하거나 오랜 시간이 지난 자료들은 폐기하는 것이 좋다고 생각한다. 세무조사 대응도 전략이 필요하다. 회사가 어떻게 하는 것이 이익인지를 생각하고 그에 따른 세무전력을 효과적으로 수립하여 관리한다면 세무조사란 것에 대한 부담을 최소화하여 세무조사를 받을 수 있다.

아주 간략하게 그리고 조금은 주관적으로 세무조사의 수검에 대한 내용을 다루었다. 일부 세무조사 관련 책자가 나와 있는 것도 보았는데 실제 조사관들과 이야기를 나누어보아도 이렇게 한다거나 저렇게 한다 등의 명확한 기준은 없고 또 가급적 이런 이야기를 하지 않으려고 하는 것을 많이 느꼈다. 이런 상황은 세무조사는 해당 조사팀의 성격이나 성향에 따라 조사에 대한 내용이 많이 달라질 수 있다는 것으로 볼 수 있다. 회사에서는 이런 상황을 감안하여 보다 더 세법에 충실한 보수적인 적용과 회사 장부 및 자료 관리에 좀 더 집중을 하면 미래에 발생하는 위험을 줄일 수 있을 것이다.

2

가업 상속

한국 경제발전의 토대를 이룬 것은 여러 가지 요인이 있겠지만 그런 많은 요인들 중 하나는 근대화 및 현대화 과정에 제조업을 창업하여 미래를 꿈꾸며 기업을 발전시켜 왔던 1세대 창업주들 희생이 바탕을 이루었다고 생각한다. 그렇게 꿈과 희망을 이루기 위해 열정을 가지고 기업을 경영하던 1세대 창업주들이 문득 스스로를 돌아보니 이제는 현역에서 은퇴하거나 예전 가장 활발한 활동 시기를 지나 점차 일의 무게를 줄여야 하는 시기가 되었다. 기업은 어떤 상황에서도 존속하여야 하고 계속적인 기업 활동을 하여야 한다. 그러기 위해서는 1세대 창업주들의 경영 철학과 기업가 정신을 승계할 후계 작업이 반드시 필요한 중요한 과제라고 할 수 있다.

물론 일부에서는 부의 승계라고 하거나 기업의 사유화

라고 하는 말로 가업승계 자체를 부정적인 시각으로 보는 사람도 있다. 그런 사람들은 가업승계가 아닌 전문경영인에게 맡겨 일명 소유와 경영을 분리하는 것이 마치 공정하고 선진화된 기업문화로 이야기를 한다. 물론 그렇게 하는 것도 좋은 방법 중 하나라 할 수 있을 것이다. 그러나 이러한 방법에 대한 선택을 할 때 우리는 우리나라의 문화나 정서, 그리고 동서양의 사고방식에 대한 차이를 잘 이해하고 결정해야 한다고 생각한다. 실제 전문경영인이라는 적임자를 선택하기 어려운 시장의 현실도 알아야 한다. 시장에서 말하는 전문경영인이라 하면 대기업 임원 출신을 그리 칭하는 경우가 많은데 대기업 임원 출신이라고 해서 그 대기업에서 경영 총괄을 경험한 임원이라면 모르겠지만 하나의 영역만을 담당한 임원 출신이라면 회사를 총괄 경영하는 전문 경영인으로 자격을 고민해 보아야 한다고 생각한다.

물론 전문 경영인 자체를 부인하거나 비하하는 것은 아니다. 단지 전문 경영인이 회사에 미치는 영향은 엄청난 것이기 때문에 전문 경영인에 대한 검증을 잘 해야 한다는 의미이다. 회사에서 신입 사원을 채용할 때도 여러 가지 검증 절차를 거치는데 하물며 전문 경영진을 선택할 때에는 그 후보자에 대한 능력 검증을 철저히 하는 것은 두말할 필요 없이 아주 중요하다고 생각한다.

익숙한 시스템 내에서만 능력을 발휘한다거나 과거 조직에 대한 시스템 및 경험만을 이야기하면서 자기 본인의 생각만을 고집하는 경우라면 회사에 도움이 되기 쉽지 않을 것이기 때문이다. 그리고 전문 경영인은 장기적인 전략을 기반으로 한 경영 방식이 아닌 아마도 단기 성과 위주의 경영 방식일 수밖에 없다. 전문 경영인에게는 실적이 있어야 계속적 업무 수행을 할 수 있기 때문이다. 이는 회사나 주주들이 오랜 시간을 두고 기다려 준다면 전문 경영인들도 장기적인 전략에 중점을 두고 경영을 할 수 있지만 실제 현실을 보면 회사나 주주들은 그리 오래 기다려 주지 않는 것으로 보인다.

훌륭한 능력을 가진 전문 경영인을 구하기가 쉽지는 않아 전문 경영인의 수요와 공급의 불균형으로 인하여 아마도 전문 경영인의 몸값이 많이 오르게 되어 그만큼 중소기업이나 중견기업에는 부담스러운 일이 될 것이다. 수요 대비 공급이 작으면 전문 경영인이 한 회사에서 오래 뭔가를 이루어보려고 하기보다는 몸값을 올려서 자주 자리를 이동하게 되는 단점이 생길 것이고 또 반대로 수요가 적고 공급이 많으면 회사나 주주들은 오랜 시간을 기다려 주지 않고 전문 경영인을 교체하려고 하는 단점이 생길 것이다. 또한 전문 경영인은 자기의 성과와 능력을 보이기 위해 기존에 해오던 것에 대한 유지나 발전보다는 자기가 뭔가를 새롭게 해보려고 하고 거기서 실적을 내서 본인의 능력과 가치를 높이려 하는 경향이 강하기 때문에 일관적인 경영정책을 유지하기가 쉽지 않을 것이다.

전문 경영인은 전임자가 진행하려던 정책을 계승하여 지속적으로 진행하려고 하기 보다는 아마도 자기 업적을 이루기 위하여 새로운 정책을 진행시키려 할 것으로 예상되어 회사의 장기적인 경쟁력 확보에 어려움이 생길 수도 있다.

그리고 모든 전문 경영인이 다 그렇지 않지만 곤경에 처하거나 힘든 상황이 발생하게 되면 책임 의식이나 사명감으로 극복하려고 하기보다는 그런 상황에서 탈출하기 위한 방법을 먼저 생각할 수도 있을 것이라 생각한다. 즉 전문 경영인에 대한 충분한 검증, 그리고 장기적인 계획보다는 단기 성과에 집중하려는 경향, 그리고 어떤 책임감과 소명의식의 한계가 있다고 생각한다. 그에 반해 오너 경영은 평생의 사업이므로 장기적인 계획과 더불어 주인의식이 확실하다고 할 수 있다.

회사를 다니는 직원들 입장에서도 회사가 오래 존속하고 일관성 있는 조직 문화와 업무 처리 방식을 더 원할 수 있기 때문에 오너 경영이 가진 장점이 많다고 생각한다. 따라서 오너 경영의 장점을 살리면서 이사회 활동에 대한 실질 운영을 하게 하는 제도적 장치가 이루어진다면 전문 경영인과 오너 경영의 장점을 다 살릴 수 있지 않을까 생각한다. 오너 경영의 장점을 잘 살리기 위해서는 가업 승계가 쉽게 그리고 부담 없이 이루어지는 것이 중요하다. 그러나 한국의 현실은 안타깝게도 그렇지 못한 현실이다.

이렇다 보니 많은 중소 또는 중견기업 창업주들은 많은 고민을 하고 있고, 이런 상황을 잘 아는 각 증권사나 은행권 및 기타 회계법인에서는 이런 내용을 주제로 하는 강연을 많이 진행하고 있으며 심지어 세무 당국 주최의 가업승계 설명회도 진행되고 있기도 하다. 그러나 이런 강연의 다수의 내용은 현행 세법에 대한 가업승계에 대한 안내를 하는 수준이지 좀 더 현실적인 가업승계를 위한 제도 마련을 위한 준비는 많이 미흡하다고 생각한다. 처음 소개할 때에는 마치 어떤 특별한 자기들만의 방법이 있는 것처럼 이야기하고 있으나 실제 가서 들어보면 세법에 나온 내용을 설명하는 다 비슷한 내용이었다. 현실적으로 한국은 부의 세습이라는 부정적 문화로 인하여 가업승계에 대하여는 세법요건이 상당히 부담이 되고 있는 것이 사실이다.

그런 부담 속에서도 가업상속을 위한 세법에서의 공제요건은 마련되어 있다. 물론 그 혜택이 생각보다 작고 매우 엄격한 조건을 요구하고 있지만 말이다. 세법에서는 가업상속 부담을 줄여주는 것으로 가업상속 공제라는 제도가 있다. 문제는 이 제도 내에서 공제를 받으려면 상당히 까다로운 조건을 충족하여야 한다. 가업상속 공제란 기업의 대표이사가 사망했을 시 기업상속을 원활히 하기 위해 활용할 수 있는 제도로 가업승계 목적의 재산에 대해 공제액을 대폭 늘려주는 지원 혜택이다. 가업상속 대상 기업이 되기 위해서는 중소기업 또는 대통령이 정하는 중견기업으로 상속 개시되는 소득세 과세기간 또는 법인세 사업연도의 직전 3개 소득세 과세 기간 또는 법인세 사업연도의 매출액 평균 금액이 3천억 이상인 기업은 제외하는 것으로 되어 있다.

참 어처구니없는 내용이라고 생각한다. 기업을 상속하는데 규모에 따라서 일정 규모가 넘어가면 공제를 안 해준다는 것이 무슨 의미인지 기업을 창업해서 회사를 더 크게 성장시키지 말라는 것인지 참 법 취지를 이해하려고 해도 잘 이해가 되지 않는 내용이다. 정말 법의 취지를 잘 이해할 수 없는 조건이라고 생각한다. 회사를 운영하는 것이 일정 한도 내의 매출까지를 목적으로 하거나 아니면 가업상속을 하지 말라는 의미인지 참 애매한 제한 조건이다. 회사가 발전하고 커지면 고용도 늘고 세금도 많이 내면서 국내 경제발전에 기여하는 효과가 엄청난데 무엇 때문에 저런 기업의 규모에 대한 한도를 정해 놓았는지 정말 이해하기 어려운 조항이다.

어찌되었든 가능 기업에 대한 조건은 규모의 제약으로 정해져 있으니 가업상속을 고려하는 기업은 이것을 잘 관리하여야 한다. 매출액이 3천억이 넘는 기업이라면 기업을 분사하는 것도 장기적인 전략에서는 고민해야 할 방법일 수도 있겠다. 기업이 대상 기업의 조건을 갖추었다 하더라도 피상속인이 갖추어야 할 조건이 또 있다. 기업의 대표이사로 재직한 기간을 가지고 공제에 대한 적용을 달리한다.

- 10년 이상 경영한 경우 200억 원
- 20년 이상일 경우는 300억 원
- 30년 이상일 경우는 500억 원 한도로 공제 금액이 정해져 있다.

또한 피상속인의 지분율이 비상장법인의 경우는 특수관계자 포함하여 50% 이상, 상장법인은 30% 이상의 지분을 10년 이상 보유하고 있어야 한다.

이 부분이 실제 관리에 많은 관심과 신경을 써야 하는 조건이라고 생각한다. 실제 10년 이상을 관리하여야 하고 한 번이라도 이것이 충족이 안 되면 다시 10년을 기다려

야 하는 조건이기 때문이다. 그런데 많은 상장 기업들은
주식 공개로 인해 지분율 자체가 높지 않은 경우가 많고
정부와의 각종 국책 과제 등을 진행하다 보면 지분율 변
동을 가져올 수 있는 경우도 많다. 문제는 10년 이상을
관리해야 하는 것이기 때문에 어떠한 일로 인하여 그것
이 조건 충족이 안 되는 경우 10년이라는 긴 시간을 다
시 준비해야 한다는 것이기 때문에 더욱 신경을 쓰고 관
리해야 하는 조건이다.

추가로 피상속인의 대표이사 재직 기간도 기업영위 기
간의 50% 이상이거나 10년 이상 또는 상속 개시일로부
터 소급하여 10년 중 5년 이상의 기간을 대표이사로 재
직하여야 공제 요건을 충족한다. 여기서 잠깐 혼란스러울
수가 있을 듯하다. 위에서는 대표이사 재직기간에 대한
공제 대상액 기준을 이야기하고 다시 대표이사 조건에
대한 이야기를 하니 중복 내용인지 아니면 착오가 있는
것인지 하는 생각이 들 것 같다.

공제 대상 금액에 대한 한도 조건과 그 공제를 받기
위해서는 갖추어야 할 선행 조건이 있는데 뒤에서 이야
기한 기업영위의 50% 이상이거나 10년 이상 또는 상속
개시일로부터 소급하여 10년 중 5년 이상의 기간을 대표
이사로 재직하여야 한다는 것은 선행 조건이라고 할 수
있다. 즉 기본적인 선행조건을 충족한 후 공제 금액 규모

가 얼마나 가능한지를 검토해야 한다. 정리하면 공제 요건을 충족해야 하고 그 요건이 충족되면 경영 기간에 따라 공제 금액의 범위가 결정된다는 것이다.

피상속인의 요건이 충족되었다면 상속인, 즉 승계자의 요건도 다음의 조건을 충족하여야 한다.

(1) 상속 개시일 현재 18세 이상
(2) 상속 개시일 전 2년 이상 직접 가업에 종사
단, 재직하다가 중간에 퇴직한 경우에는 이전 근무기간은 종사기간에 포함하지 아니하다.
(3) 상속세 과세표준 신고 기한까지 임원으로 취임하고 상속세 신고 기한부터 2년 이내에 대표이사 등으로 취임할 것 등이 상속인이 갖추어야 할 조건이라 이 역시 관리가 쉽지는 않은 조건이다.

특히 상속세 과세표준 신고기한까지 임원 취임 및 상속세 신고 기한부터 2년 이내 대표이사 취임은 비상장 법인의 경우는 그리 어렵지 않을 수도 있으나 상장법인이라고 하면 조금은 힘든 조건이 될 것이다. 외부 주주들에게 그런 내용을 잘 설명하고 상속인이 대표이사 취임에 대하여 단순한 승계를 위한 목적이 아닌 상속인이 대표이사로서 경험과 능력이 있음을 주주들에게 이해를 시켜야 하기 때문이다. 아마 그런 이유로 2년 이상의 재직 기간이라는 내용을 포함한 것으로 생각은 되지만 만일 상장법인을 경영하고 계신 창업주라면 후계자에 대한 경영수업을 조금 일찍 시작하기 위하여 입사를 서둘러 처리하고 일을 많이 경험하게 한 후 임원취임을 하는 절차 등을 진행한다면 외부 주주들을 이해시키는 데 조금이라도 도움이 되지 않을까 생각한다.

오랫동안 회사 생활을 하면서 많은 것을 경험했고 그것을 바탕으로 회사를 경영하는 데 아무런 문제가 없다는 것을 설명할 수 있다면 대표이사 취임에 따른 내·외부의 잡음을 차단하는 데 효과적이라고 생각한다. 이렇게 어렵게 조건을 충족해서 가업상속을 했더라도 상속 개시일로부터 사후관리 기간이 7년으로 그 기간 동안 인원에 대한 규제, 지분율 감소에 대한 규제 등을 지속적으로 관리하여야 한다. 특히나 상속 이후 직원의 숫자를 줄일 수도 없다. 승계 이후 회사가 어떤 경영혁신 등을 통한 원가 절감이나 수익 개선 활동 노력에 대하여 한계가 있다는 것이다.

참으로 어렵고 힘든 공제 요건이다. 과연 이 요건을 갖추어서 공제를 다 받을 수 있는 기업이 과연 얼마나 될까 하는 생각도 하게 된다. 공제 요건 그리고 공제 이후의 관리 요건도 어찌 보면 공제해 주지 않겠다는 것으로 보이기도 한다. 이런 요건을 지금이라도 갖추기 위한 준비를 할 시간이 있는 기업이라면 지금부터라도 가업승계를 원활히 하기 위한 준비를 미리 해두는 것이 중요하다. 세무 전문가의 조언을 통하여 10년 전부터 관리하여야 하며 모든 조건을 구비했다 하더라도 상속 시점이 정해져 있는 것이 아니기 때문에 조건 충족 이후로는 그 조건을 계속 관리해 나가야 한다.

즉 기본 요건은 10년이고 사람의 건강과 수명은 그 누구도 예측할 수 없는 항목이므로 어찌 보면 가업상속은 길고도 긴 항해와도 같은 일이 될 것이다. 성공적인 가업상속을 위해서는 엄청나게 긴 시간을 관리해 나가야 하며, 그런 기간에 세법 개정 등에 대한 내용이 발생 시 그에 맞게 관리를 지속적으로 하여 조금이나마 가업상속에 대한 부담에서 벗어나도록 하여야 한다. 이런 성공적인 가업상속을 위해서 세무전문가의 조언도 필요하지만 회사 직원 그리고 대표이사 등이 항상 관심을 가지고 공제 요건이 항상 충족되는 수준에서 관리하여야 한다.

가업상속 공제는 사실 내용 자체는 그리 어렵고 이해하기 힘든 내용은 거의 없다고 할 수 있다. 이런저런 조건만 잘 지키면 말이다. 오랜 시간을 관리하여야 하고 그런 시간과 노력 대비하여 공제 금액은 그리 크지 않다는 것이다. 그러나 회사 규모가 크지 않은 경우라면 공제 금액에 대한 혜택을 충분히 누릴 수도 있을 거라 생각한다. 사실 한국에서 제조업의 대표이사로 일을 한다는 것은 정말 어렵고 힘든 일이고 명확한 소명의식 없이는 수행하기 힘든 일이라고 생각한다. 그런 분들이 사업에 몰두하기에도 부족한 시간에 가업상속이라는 것에 많은 노력과 시간을 할애하게 하는 것 자체도 어쩌면 낭비 요소라 할 수 있다.

어떤 책에서 본 내용인데 대표이사는 연중 365일 동안 쉬는 날도 없고 쉬는 시간도 없이 회사를 위해 항상 고민하고 항상 걱정을 한다고 한다. 옆에서 지켜보는 대표이사들의 모습이 정말 그 책의 내용과 크게 다르지 않다는 것을 알게 되었다. 물론 모든 제조업을 포함한 모든 직종의 대표이사들이 그렇지는 않을 수도 있다. 그러나 그런 모습을 보이지 않는 대표이사가 있는 회사는 글쎄 발전보다는 쇠락의 길을 그리고 현재도 발전되는 모습이 아닌 현상 유지 내지는 쇠락의 길을 들어서고 있지 않을까 생각해 본다.

특히 현대는 기업하는 기업가를 바라보는 시선이 부정적인 시선이 많고 또한 중대재해법, 주 52시간 적용, 최저임금 상승 등 실제 기업을 운영하는 것이 마치 커다란 죄를 짓는 것이 아닌가 할 정도로 많은 부담을 부여하는 것도 사실이다. 이렇게 많은 부담스러운 일만으로도 힘든

데 여기에 가업상속이라는 또 하나의 큰일을 대비해야 하는 것이다. 사회에 고용 유지 및 경제발전에 기여하는 공을 감안한다면 조금은 기업가들이 스스로가 일군 기업에 대한 가업상속을 쉽게 그리고 많은 공제를 해주었으면 하는 개인적인 바람이 있다. 가업상속은 부의 세습이라는 개념으로 바라보기보다는 기업이 계속 존속하기 위한 하나의 방법으로 보면서 많은 지원을 해주는 방향으로 바뀌었으면 한다.

그러나 아직 현실은 그렇지 않으므로 현재의 가업상속 공제제도에 대한 충족 요건 및 가업상속 후의 유지 조건을 잘 지킬 수 있도록 치밀한 준비를 해야만 한다. 가업상속은 창업주, 회사 담당자, 외부 세무 전문가 등이 한 팀이 되어 잘 준비하고 대응하면 될 것이라고 생각한다. 가업상속 공제에 대한 이해를 하고 조건을 맞추기 위한 노력을 소홀히 하는 것은 추후 상속이 발생하는 시기에 세금을 납부하기 위해 지분을 처분하거나 사업을 매각하는 경우도 발생할 수 있기 때문이다.

가업상속의 경우 회사의 가치 평가로 세금을 산정하게 되는데 이때 발생하는 세금은 현금으로 납부해야 하기 때문에 그 세금을 마련하기 위해서는 지분을 일부 처분하거나 아니면 가업상속 대상 기업을 처분하게 되는 경우도 있을 수 있기 때문이다. 이런 일이 생기지 않게 하

기 위해 가업상속 준비에 좀 더 관심을 가지고 먼 미래를
보고 진행하여야 한다.

3

회사 규정과 업무 절차 표준화

"보이는 게 다가 아니고 들리는 게 다가 아니다."라는 말의 의미는 여러 해석이 가능하다. 그러나 회계 업무를 경험하면서 이 말은 정말 중요하고 가슴에 새겨 두어야 하는 중요한 말이 되었다. 이 말의 의미를 회사에서는 회사 경영진에게 보이고 들리는 것이 다 사실은 아닐 것이라는 의미로 해석하고 싶다. 그런 의미로 출발을 한다면 회사의 조직 관리에 매우 유용할 것이라 생각한다. 사실 조직 관리는 회계하고는 별개의 주제라고 할 수도 있지만 다른 한편으로는 회계하고도 밀접한 관련이 있다고 생각한다. 여기서 말하는 조직 관리란 회사 내부의 업무 절차 및 인적자원관리 등에 대한 내용을 말하려고 하기 때문이다.

많은 중소기업이나 중견기업을 경영하시는 분들이나

일하시는 분들이 많이 하는 이야기가 우리 회사는 작은 회사라 업무 절차나 인적자원관리에 대한 규정이나 절차가 아직은 필요하지 않다고 하는 분들이 많다. 이리 생각하는 분들을 위해 하나의 사례 아닌 사례를 이야기할까한다. 꽤 오래전 전 직장에서 친하게 지내며 일하다 퇴사 후 회사를 창업한 동료가 있었다. 처음에는 작은 사무실을 빌려서 사업을 시작하더니 몇 년이 지나 3층짜리 자가 공장을 마련해서 이전을 하는 등 나름 회사를 잘 키우고 있었다. 그런 동료로부터 회사를 확장해서 이전 행사를 한다는 초대를 받고 부평에 있는 회사를 방문했었다. 조금 일찍 도착하여 회사를 둘러보니 3층짜리 공장건물에 나름 꽤 넓어서 규모가 있어 보이는 모습이었다. 오랜만에 만나러 간 그 동료는 인원도 몇 배로 늘었고 매출은 얼마가 되었으며 그래서 전 직장에서 같이 일하던 몇몇 사람을 스카우트해서 같이 근무하고 있다는 등 그동안 본인이 이룬 성과를 자랑스럽게 이야기했다. 그런 이야기 중에 회사 내부의 규정이나 절차 등은 어찌 관리하고 있는지를 물으면서 회사 업무 처리 절차, 규정 그리고 내부통제 방식의 중요성 그리고 그것으로 인한 조직문화에 대한 이야기를 해주었다.

그때 그 동료가 바로 대답한 말이 "아직은 작은 회사라 그런 거 필요 없고 자기 혼자 회사 돌아가는 것을 다 알고 있어서 문제없다."고 하였다, 하물며 직원들의 마음도 다 알고 있다면서 자기 회사는 전혀 문제가 없다고 호언장담을 했다. 그래서 회사가 크고 작고의 문제가 아니라고 이 부분을 가볍게 보지 말라고 한 번 더 당부를 하면서 마무리하고 헤어졌으며, 한동안 그 동료로부터 연락 없이 지내왔다.

그러다 한 이 년 정도 시간이 지난 후 그 동료에게서 갑자기 연락이 와서 자기 좀 도와달라고 하길래 무슨 일인가 물으니 일단 만나자고 해 별 생각 없이 예전 회사 주소로 찾아갔다. 그런데 그 회사 건물은 다른 회사 이름이 걸려 있었고 근처의 조그만 사무실에서 2명의 직원과 일을 하고 있었다. 도대체 그동안 무슨 일이 있었길래 이리 되었는지에 대해 조심스럽게 물었다. 그 동료의 첫 한마디는 미안하다는 사과의 말이었다. 무슨 사과를 하느냐 물으니 예전 회사 이전 행사에서 조언한 것을 듣지 않은 것에 대한 사과였다. "작은 회사라 자기가 다 알고 있다."라는 자신감이 그리되었다는 것이다. 사장인 자기 앞에서 하는 말과 실제 현장에서는 상황이 달랐고 회사 업무 처리 절차나 규정이 없다 보니 사장이 그때그때 하라는 지시에 의해서만 움직였고, 사장 또한 모든 업무 내용을 일일이 다 기억하지 못하다 보니 매번 의사 결정이 달랐다. 그러다 보니 직원들은 모든 일을 하나하나 대표이사에게 물어보지 않으면 일을 진행하지 못하는 회사가 되었다.

아니 이미 직원들이 결정해서 일을 진행하고도 사장이 물어보면 사장님 지시한 대로 진행하고 있다고 거짓을 보고하였다고 한다. 회사의 직원들은 회사에 대한 희망과 회사를 위해 무엇인가를 열정적으로 하기보다는 자기이익을 먼저 챙기는 상황이 생겼고 결국 그런 직원들 몇 명이서 회사에 치명적인 손실을 주는 일을 저지르게 되었다는 것이다. 결국 스카우트해 왔던 전 동료들도 다 떠나고 두 명의 직원과 예전 사장실만 한 공간에서 일을 하고 있었다. 그 공간을 둘러보면서 예전 3층 건물의 넓고 넓었던 회사에서 이리 몰락한 동료의 마음이 어떨까 생각하니 마음이 무척 아팠다.

옛말에 공은 이루는 것보다 지키는 것이 어렵다는 말이 있다. 그만큼 이룬 것을 지키는 관리가 중요하다는 말이다. 회사에 업무 처리 절차가 필요한 가장 큰 이유는 일관성 있는 의사 결정 및 업무 처리에 있다. 즉 비슷한 상황이 발생 시 아니면 동일한 성격의 일이 발생할 경우 일을 처리하는 방식이나 의사 결정이 일관성이 있어야 한다는 것이다. 그래야 구성원들이 일을 하는 데 있어서 혼란이 없고 책임감을 가지고 일을 할 수가 있기 때문이다. 물론 너무 딱딱하게 그 업무 절차만을 고집하는 것도 바람직한 것은 아니다. 때로는 상황에 맞게 융통성 있게 운용을 할 필요도 있다. 회사에 업무 절차나 규정이 마련된 상황에서 시장이 변화하거나 회사가 발전하는 정도에 따라서 수정하면서 규정이나 제도를 발전시켜 나가는 것이 직원, 부서 간 상호 견제와 균형을 통하여 하나의 목표로 나아갈 수 있게 하는 원동력이 된다고 할 수 있다.

이렇게 업무 절차나 규정이 부실하거나 없는 것이 큰 문제인 이유는 여러 가지가 있겠지만 이것이 구성원들이 소신 있게 일을 하는 분위기가 아닌 윗사람 눈치를 보면서 일하는 분위기가 된다는 것과 우수한 인적자원관리에도 큰 영향을 준다는 것이다.

회사에 정해진 업무 절차나 규정이 없으니 어떤 일에 대한 판단을 내려야 할 때 담당자는 결정을 하기가 어려우니 상급자에게 가서 이야기하게 되고 그 상급자는 또 자기의 상급자에게 가서 이야기하고 결정을 받아야 하고 이런 업무 진행 방식으로 인하여 의사 결정은 늦어지고 또 책임은 지지 않으려고 하는 업무 처리 문화가 회사 문화로 정착될 가능성이 높다고 할 수 있다. 그리고 이런 규정이나 절차가 없기에 데이터 기반의 업무 처리 방식이 아닌 상급자의 과거 경험에 의한 업무 처리를 하게 되어 실수를 저지르는 경우의 수가 많아질 것이다.

회사가 수동적으로 일하는 회사가 아닌 능동적으로 일하는 회사가 되기 위해서는 먼저 회사의 업무 처리 절차나 규정이 마련되어야 한다고 생각한다. 또한 중소기업이나 중견기업에 이런 업무 절차나 규정이 있는 회사라 하더라도 "나는 괜찮아, 내가 사장님과 이야기할게."라고 말하는 일명 스스로 특별하다고 생각하는 사람들이 있다. 그런 사람들은 회사 규정이나 절차를 지키는 것을 싫어하거나 반대를 하는 경우가 많다. 또한 회사 업무 절차나 규정을 무시하는 경우도 많다.

그리고 그 회사 사장님들도 그 사람들의 말이라면 어떠한 자료에 근거한 의견보다 더 신뢰하는 경우도 많다. 이런 이유로 이런 생각을 가진 사람들은 자기들은 스스로를 대단한 사람이라 생각하고 회사 규정이나 절차보다 자기가 위에 있다고 생각하면서 회사 전체의 일하는 문화를 흐리게 만드는 경우가 많다.

이런 사람들은 도리어 책임을 져야 할 때에는 남에게 책임을 전가시키는 특징도 가지고 있다. 이렇게 본인들이 특권을 가지고 있는 사람이라고 생각하는 사람들은 회사의 업무 절차나 규정을 무시하게 되어 회사의 기본적인 시스템을 무너뜨리는 역할을 하게 된다. 회사에 이런 문화가 나타나기 시작하면 회사에서 일하던 똑똑하고 열심히 일을 하는 우수한 인력들이 이탈할 수 있다. 아니 도리어 특권의식을 갖춘 사람들이 자기들 코드에 맞추지 않는 사람들을 회사에서 내보내는 경우도 많다. 원인이 어떻든 회사의 우수 인력이 이탈하게 만드는 결과를 초래하는 것은 변함없는 사실이다. 많은 회사에서 가지고 있는 가장 중요한 자원 중 하나는 인적자원이다. 특히 의욕 넘치고 에너지가 넘치는 젊은 인적자원은 회사의 미래 자원 중 가장 중요한 자원이다. 그러나 이런 젊고 능력 있고 에너지 넘치는 젊은 사람들은 자기들이 생각할 때 불합리하다고 판단되거나 공정하지 않다고 생각하면 회사를 이탈하는 경우가 많다. 회사는 살아 있는 생명체라고 보아야 한다. 각각의 기능들이 원활히 정해진 질서를 지키면서 자기 본연의 기능을 수행할 때 건강한 모습을 유지하는 것과 같이 회사도 업무 절차나 규정 등이 제정되어 있으면 구성원 모두가 그 절차와 규정을 지키면서 각자의 업무를 수행할 때 회사는 발전하고 강한 경쟁력을 가지게 된다. 모든 회사의 조직문화나 업무 절차 등이 다 동일한 것은 아니다. 즉 외부에서 어떤 교육이나 조언을 듣는 것은 그것을 바탕으로 회사에 맞는 새로운 것을 도입하기 위한 방법이어야 하지 그것을 그대로 도입하는 것은 위험한 일이라고 할 수 있다.

개인적으로 생각하는 벤치마킹이라는 것은 잘하는 것을 배워서 우리 것으로 바꾸어 적용하는 것이지 다른 사람의 것을 가져다 그대로 적용하는 것은 아니라고 생각한다. 귤화위지(橘化爲枳)라는 말이 있다. 환경요인의 중요성을 나타내는 말로 심는 지역에 따라 귤이 탱자가 된다는 말이다. 즉 회사의 환경 요인에 따라 아무리 좋은 제도나 규정도 각자의 회사 환경에 맞지 않으면 안 된다는 것이다.

만일 모든 회사들이 그런 환경요인에 대한 특수성을 가지고 있지 않다면 세상 모든 회사들은 모두 일류회사가 되어 있을 것이다. 세상에는 훌륭하고 뛰어난 학자나 전문가들이 많기 때문에 그들의 조언을 듣고 따르기만 하면 되기 때문이다. 학자나 전문가의 말만 잘 듣고 따르면 모든 회사들은 아무런 고민 없이 본업에만 충실하게 되고 결과적으로 회사들은 내부적으로나 외부적으로 강하고 좋은 회사가 되어야 하는데 현실은 그렇지 않은 이유가 무엇일까?

그것은 각 회사가 가지고 있는 환경 요인의 특수성 때문이다. 그런 특수성을 얼마만큼 이해하고 있는가에 따라서 결과가 달라지기 때문이라고 생각한다. 회사마다 생존을 위해 원가 절감, 생산혁신, 개혁, 변화 등 이런 내용의 활동을 하지 않는 회사는 없다. 그러나 그것을 성공한 회사들은 극히 소수이고 그래서 많은 회사들은 이런 활동들을 성공한 회사의 사례를 연구, 분석하고 각자의 회사에 적용하려고 노력을 하고 있다.

이렇게 성공률이 낮은 것 역시 회사의 환경 요인이 크

다고 생각한다. 회사에서 무엇을 하고자 할 때 중요한 것은 하려는 목적과 회사 환경 내에서 가능 여부를 먼저 분석하여야 하는데 이것이 매우 어려운 작업이기 때문이다. 사실 내부 분석이라는 것이 최고 경영진에게는 받아들이기 힘든 내용이 많이 포함되어 있는 경우가 많다. 마치 지금까지 해온 것이 잘못된 것처럼 들릴 수 있고 무엇인가 스스로 못나 보인다고 생각할 수 있기 때문이다. 그런 이유로 내부 분석 결과에 대한 보고가 왜곡되어 보고될 수밖에 없고 잘못된 내부 분석을 기초로 한 혁신이나 개선 등의 방법이 좋은 결과로 이어지지 않는 것은 당연한 결과라 할 수 있다.

회사 경영진들이 회사 분석에 대한 받아들이는 마음가짐이 중요하다고 생각한다. 그동안 잘못한 것이 아니라 변한 환경에 대응하기 위해서 새롭게 변해야 한다는 것으로 인식하는 것이 중요하다. 사실 그렇고 말이다. 법도 시대에 따라 개정이 되듯이 업무 절차나 규정 등도 시대가 변하고 조직 구성원의 태도나 정서도 시간에 따라 변하기 때문이다.

실제 정확한 회사에 대한 내부 분석이 이루어진다면 혁신 등의 활동들은 절반 이상 성공한 것이라 할 수 있다. 무엇인가를 당장은 하지 않고 있다고 해도, 현실이 어떻다는 현재 상황에 대한 이해와 무엇인가를 해야 한다는 추진 동력이 되기 때문이다.

즉 회사의 업무 절차와 규정에 대한 제정 및 그것에 대한 현실에 맞는 꾸준한 개정을 바탕으로 하여 조직 구성원들이 그것을 준수하는 문화를 구축하는 것이 조직 관리에 있어서 선행되어야 할 조건이다. 이러한 선행조건이 충족되지 않은 상황에서의 직원들에 대한 보상은 자칫 긍정의 효과보다는 부정의 효과를 가져올 수 있다.

세상 모든 사람들이 자기가 남보다 못하다고 생각하는 사람은 없을 것이다. 또한 다른 사람의 생각과 자기들의 생각이 같다고는 생각하지 않는다. 자기들의 생각이 옳다는 것이 강하고 남이 자기들을 잘 모르거나 코드가 맞지 않는다고 생각하는 사람들이 많다.

따라서 이런 부정적인 면을 최소화하는 방법이 업무 처리 절차나 규정을 표준화하고 그것을 평등하게 준수하게 하는 문화가 중요하다. 앞에서 내부통제에 대한 중요성에 대해 이야기를 했는데 내부통제를 하기 위해 마련되어야 하는 것이 바로 업무 처리 절차와 규정인 것이다. 이러한 회사 업무 처리 절차나 규정 등은 잘 마련되어 있으나 특정 직책이나 지위를 가진 사람들에 의해서 잘 지켜지지 않거나 무시된다면 아마도 내부 구성원들은 굉장한 상실감을 느끼게 된다.

업무 절차나 규정을 통제하는 관리부서는 일에 대한

회의감을, 현업 부서원들은 힘없는 자기들만 통제 적용을 받는다는 생각을 갖게 한다면 회사 분위기는 보이고 들려오는 것과는 다른 조직 분위기가 될 것이며 이는 회사에 장기적으로 큰 위기를 초래할 수도 있다.

또한 말이 앞서고 책임은 회피하면서 책임 있는 자리에 앉아 있는 사람들이 많을수록 경영진에 전달되는 회사 내부 상황은 왜곡되어 보고되는 경우가 많으므로 회사의 조직 문화를 경쟁력 있게 하기 위해서는 보이는 게 다가 아니고 들리는 게 다가 아니라는 것을 깊게 생각하여야 한다.

회사의 경쟁력 중 가장 중요한 것은 인적자원이다. 기술도 사람이 가지고 있는 것이고 영업도 사람이 하는 것이고 관리도 사람이 하는 것이기에 인원 관리는 소홀히 해서는 안 된다. 그렇다고 모든 직원들이 하는 하나하나의 불만을 다 들어줄 수는 없고 또 현실적으로 그리할 수도 없다. 그러나 그런 개개인의 처우나 불만은 사실 인원 관리에 커다란 장애 요인이 아니라고 생각한다. 조직 구성원들은 자기가 속한 조직이 합리적이고 체계가 잡혀 있는 조직이기를 더 선호한다. 특히 다른 회사를 다니는 친구들이나 선후배들과의 만남을 통해 회사에 관한 이야기가 자연스럽게 나오게 되며 이때 회사에 대한 조직 문화나 업무 처리 절차 관련 이야기를 많이 하게 되면서 비교를 하게 되는 경우를 많이 보아왔다. 회사를 다니는 조직 구성원들이 다른 회사와 비교 시 나름 자부심을 가지고 이야기할 때 그 직원의 마음속에는 애사심이 싹트게 된다. 겉으로 보이는 것과 들리는 것으로만 판단하지 말고 정말 회사 내부의 상황은 어떤지를 살펴보면서 실제적인 현실을 개선하기 위한 업무 절차나 규정을 개정한다면 회사의 조직 문화는 긍정적이며 발전적인 모습으로 바뀌게 되리라 생각한다. 이런 문화가 조성된다면 인력 채용도 수월하고 채용 후에 이직률도 감소할 것으로 생각한다.

4

ESG

요사이 많이 들리는 말이 ESG라는 말일 것이다. 또는 ESG 경영이라고도 한다. 통상 회사의 평가는 재무적 요소, 즉 재무제표에 의한 평가가 주를 이루었다면 이런 재무적 요소에 비재무적 요소를 포함해서 회사를 평가하겠다는 것으로 앞으로 많은 회사들이 관심을 가지고 관리해야 할 내용이라고 할 수 있어 여기서 간단히 소개하고자 한다. 현재 들리는 소식으로는 2030년부터 코스피 법인은 ESG 보고를 의무화할 예정이라니 그 이후는 모든 법인들이 보고 의무 대상이 될 것이라고 예상된다.

이 ESG는 회사가 앞으로 외부 투자를 받고자 할 때 외부 투자자가 회사를 평가하는 항목으로 재무적 요소 외에 포함시키겠다는 내용이므로 회사 발전을 위해 기업 공개를 계획하고 있는 회사라면 관심을 가지고 살펴보아야 할 내용이라고 할 수 있다.

ESG는 비재무적 요소로

E: Environmental

S: Social

G: Governance를 의미한다.

환경적 요소는 기후 변화에 대응하기 위한 회사의 노력을 평가하는 것이다. 주요 구성으로는 환경규제에 대응하는 정책이나 책임 있는 구매 및 조달 등 탄소 배출이나 환경오염 정책을 준수하는 기업이나 제품을 구매하거나 조달하는 것을 얼마나 이행하는가이며 원자재 사용 역시 고갈자원이나 천연자원 등에 대한 사용 정책에 대한 기업의 역할을 평가한다는 것이다.

대표적인 것 중의 하나가 탄소중립이라는 넷제로(net zero)라는 것이다. 회사가 이산화탄소를 배출하는 만큼 탄소를 흡수하는 대책을 세워 이산화탄소의 배출량을 실제로 Zero로 만든다는 것이다. 기업의 평가를 위한 것이 아니라도 환경을 위해서 회사가 꾸준히 해야 할 노력이라고 할 수 있는 내용이다. 사회적 요소는 근로자의 인권과 보건 그리고 인종, 성별, 국적에 의한 차별 방지 및 사회에 기여하는 활동 등을 반영하는 요소로 기업의 사회적인 책임을 강조한다고 할 수 있다. 이 내용은 지속 가능한 경영을 위한 내용에 포함되어 있어 많은 기업들이 사회적 활동에 많은 공헌을 하고 있기도 하다.

장학사업, 봉사활동, 사회 취약층에 대한 지원사업 등이 대표적인 외적 사회적 활동이라 할 수 있다. 이에 비하여 내적 사회적 요소는 법률적으로 정하는 것에 대한 내용이 많이 포함되어 있다. 고용과 안전에 관한 법적 내용이 그런 내용에 대한 중심이라고 할 수 있겠다. 지배구조의 주요 이슈로는 이사회가 독립적 의사 결정을 하는지와 뇌물 등 부패 이슈 여부 그리고 임원 보수의 적정성 등에 대한 항목이다.

즉 회사에서 이사회 운영에 대한 실질성 및 효율성 등을 평가하겠다는 의미이고, 전체적인 지배구조의 공명성 그리고 투명성을 살펴본다는 의미이다. 특히 한국 회사에서 이사회의 실질적인 활동에 대하여는 형식적으로만 존재하고 실질 활동은 거의 없거나 회사 정책에 무조건 찬성하는 역할만 한다는 인식이 강한 만큼 이사회 운영 등에 대한 실질성을 확보하는 것도 매우 중요하다고 할 수 있다.

이러한 ESG를 살펴보면 사실 잠재적 위험을 평가하겠다는 의미로 받아들여지게 된다. 실제 투자자가 회사가 이렇게 건전한 활동을 통한 환경과 사회에 기여하도록 하는 의미가 아닌 투자자가 회사의 비재무적 요소로 인하여 회사의 재무적 손실에 영향을 미치게 되는 요소를 미리 파악하여 미래에 발생할 수 있는 위험 요소에 대한 분석을 통하여 투자 위험을 감소시키려는 의미인 듯싶다.

특히나 요즘은 이런 항목에 대한 법적 제재가 강화되고 있는 경향이 강하므로 회사를 경영하는 데 있어서 이런 법적 위험 요소에 대한 관리를 하는 것도 당장의 투자자들에 의한 회사 평가를 높이는 요소이기도 하지만 회사 역시 미래의 위험 회피 수단으로 관리를 하는 것이 좋을 듯하다.

단지 현재의 ESG는 평가 기준의 표준화가 마련되어 있지 않아 평가 기관마다 다 다른 기준을 가지고 있다. 따라서 회사들은 급하게 서두르지 말고 천천히 스스로 학습하면서 회사의 상황에 가장 잘 맞는 기준을 선택한 평가 기관과 일을 진행하는 것이 유리하다.

제4부

Coffee Time

(식후 커피 한잔)

식사 후에 마시는 한 잔의 커피는 마음에 여유와 더불어 즐겼던 식사 시간을 돌아보게 하는 시간이라고 생각한다. 겁 없이 시작해서 한 줄 한 줄 쓰다 보니 어느덧 페이지 끝을 마무리하는 순간을 맞이하게 되었다. 식후의 포만감으로 여유롭게 마시는 차 한 잔의 시간이 막상 종착역에 와보니 후회와 아쉬움 그리고 괜한 짓을 했나 하는 생각이 드는 슬픈 시간이 된 것은 혼자만이 느끼는 감정인지 모르겠다.

애초부터 새로운 지식을 전달하기 위한 목적이 아니고 소개하기 위한 목적으로 출발하면서 그 처음의 의도를 잃지 않고 유지하려고 하였다. 아마도 그런 목적이 있었기에 회계를 조금이라도 접했던 사람들이라면 너무 유치한 내용이라고 한쪽으로 치워놨을 수도 있을 것이다. 이 책은 처음에도 밝혔듯이 비회계 전공자들 중심으로 회계를 이 정도는 알면 좋겠다는 의도라 했으니 회계 전공자분들은 이 부분을 이해해 주셨으면 한다.

또한 협의의 회계에 국한하지 않고 세무회계와 내부통제 등 전반적인 범위까지 다룬 것이 그런 의도에 부합시키기 위해서였다. 어찌 보면 이 책은 회계적인 관점에서만 바라보지 않고 전체적인 관점에서 회사를 바라보면서 회계적인 관점으로 보완하고자 하는 게 더 맞을지도 모르겠다.

예전 현업에서 회계 업무를 하면서 많이 들었던 말 중의 하나가 회계적인 관점으로만 보지 말고 전체적인 관점에서 보라는 이야기들을 시간이 지난 어느 시점에 이해를 하게 되었다. 그런데 개인적인 생각인지 모르지만 회계적 관점을 기반으로 회사 업무 전체를 판단하니 의사 결정이나 어떤 문제를 해결하는 데 더 도움이 되었다고 생각한다.

이런 개인적인 느낌이 다른 사람들에게도 현업을 수행하거나 회사를 운영하는 데 도움이 되었으면 하는 작은 소망을 가져 본다.

김동배 ————————————————————————

아주대학교 경영학과 졸업 후 아주대학교 경영대학원에서 MBA를 취득하였으며 현 코스닥 상장법인 CFO로 재직 중이다.

엘지 산전 회계팀에 입사하여 26년 동안 상장법인 23년, 외국계 기업 3년의 회계 실무 및 다수의 국세청 정기 세무조사를 총괄하여 담당한 경험, 2회에 걸쳐 ERP 구축을 진행하였다. 조인트벤처인 캐리어엘지에서는 내부 프로세스 관리담당자로 회사 내부 프로세스 구축 경험이 있다.

회계에서 경영 관리로의 실크로드

초판인쇄 2022년 1월 21일
초판발행 2022년 1월 21일

지은이 김동배
펴낸이 채종준
펴낸곳 한국학술정보㈜
주소 경기도 파주시 회동길 230(문발동)
전화 031) 908-3181(대표)
팩스 031) 908-3189
홈페이지 http://ebook.kstudy.com
E-mail 출판사업부 publish@kstudy.com
출판신고 2003년 9월 25일 제406-2003-000012호

ISBN 979-11-6801-288-2 13320